SUDOKU

ON

THE

LOO

DR GARETH MOORE

First published in Great Britain in 2020 by
Michael O'Mara Books Limited
9 Lion Yard
Tremadoc Road
London SW4 7NQ

A CIP catalogue record for this book is available from
the British Library.

Papers used by Michael O'Mara Books Limited are natural, recyclable
products made from wood grown in sustainable forests. The
manufacturing processes conform to the environmental regulations of
the country of origin.

ISBN: 978-1-78929-298-5

1 2 3 4 5 6 7 8 9 10

www.mombooks.com

Designed and typeset by Gareth Moore

Printed and bound in Great Britain by CPI Group (UK) Ltd,
Croydon, CR0 4YY

MIX
Paper from
responsible sources
FSC
www.fsc.org
FSC® C020471

INSTRUCTIONS

This handy book of puzzles is just the thing to fill a few idle moments on the loo – or wherever you may be.

To solve each puzzle, simply write a digit from 1 to 9 into each empty square, so that no digit repeats in any row, column or bold-lined 3×3 box.

Difficulty levels at the top of each page show how tricky each puzzle is, with the puzzles also becoming slightly harder as you progress through each section.

Nice and Easy
SUDOKU 1

7	2		8		4		5	9
4		3	7		9	2		8
	6		2		5		1	
5	3	8				4	7	2
6	9	7				1	3	5
	4		3		1		8	
3		5	9		7	6		1
1	7		6		8		4	3

Nice and Easy

SUDOKU 2

	7	2		4		6	9	
8		4		6		2		1
	9		5		2		7	
		3	9		8	5		
		5	2		4	1		
	5		4		7		1	
4		1		9		7		5
	2	8		1		4	3	

Nice and Easy
SUDOKU 3

2			3		9			4
			6	2	7			
		3				1		
8	4		2		3		9	5
	7						4	
5	3		4		8		2	1
		5				8		
			7	4	6			
7			5		1			6

Nice and Easy
SUDOKU 4

			2		9			
	7	1				8	2	
	4		7	8	6		3	
5		7				9		2
		8				4		
4		6				3		8
	8		6	2	4		9	
	9	2				5	6	
			3		5			

Nice and Easy

SUDOKU 5

			4	2	1			
	7						2	
		5	8		3	6		
7		1		8		9		4
4			3		7			6
9		6		5		7		3
		2	9		8	1		
	6						9	
			2	4	6			

Nice and Easy
SUDOKU 6

6								7
	8		9		5		1	
			7	8	1			
	6	3	8		2	5	4	
		4				8		
	2	1	5		6	7	9	
			1	7	9			
	7		4		3		5	
3								4

Nice and Easy

SUDOKU 7

	7						1	
5			6		2			9
		6	7		5	2		
	4	5		3		6	2	
			9		1			
	6	7		2		3	9	
		4	3		8	9		
2			1		9			4
	8						3	

Nice and Easy

SUDOKU 8

		6				8		
			3	4	9			
3			7		6			4
	5	7	4		1	2	6	
	3						4	
	6	9	5		8	3	7	
2			1		3			5
			8	5	4			
		4				6		

Nice and Easy
SUDOKU 9

5		8	6		7	2		3
		1	5		8	7		
2								5
	5			9			7	
		4				3		
	7			3			5	
8								2
		3	1		2	5		
7		6	3		9	8		1

Nice and Easy

SUDOKU 10

		8				2		
		9	2	3	7	8		
3	7						9	1
	9			8			7	
	6		3		9		4	
	3			7			2	
9	8						6	4
		7	4	6	5	9		
		6				7		

Nice and Easy

SUDOKU 11

7			8		1			3
		9				1		
	6	1	7		4	9	5	
2		4				3		7
1		8				4		6
	8	6	4		3	2	1	
		2				8		
4			9		8			5

Nice and Easy
SUDOKU 12

	2		7		1		9	
8								2
			6	4	2			
2		9		7		6		1
		7	1		8	2		
1		3		2		4		8
			2	6	9			
5								7
	9		5		7		8	

Nice and Easy

SUDOKU 13

7								5
		5	1		8	4		
	2		6		9		8	
	3	2	5		7	1	9	
	4	7	3		2	6	5	
	8		9		4		3	
		6	8		1	5		
3								6

Nice and Easy

SUDOKU 14

7						9		2
		4		1	2			
1					7		4	
	8	2	7		5			
	7						6	
			9		3	2	5	
	4		5					9
			1	2		5		
8		9						3

Nice and Easy

SUDOKU 15

			8	9	1			
		1	4		6	9		
	4			2			8	
8	2						9	4
5		9				2		7
4	3						1	8
	9			7			5	
		3	1		5	4		
			6	3	9			

Nice and Easy
SUDOKU 16

8	1						9	2
7				1				3
		9	2		4	1		
		8	9		3	5		
	3						7	
		1	8		5	2		
		6	3		8	7		
2				5				9
5	8						6	1

Nice and Easy

SUDOKU 17

6				1				3
		1	6	8	3	7		
	7						1	
	4		9		5		6	
5	3						2	4
	8		4		6		3	
	5						4	
		4	1	5	8	2		
7				6				8

Nice and Easy
SUDOKU 18

8							9	
			9	3	2			
	4		5		1		6	
6	3	2				8	7	5
		5				1		
8	9	1				6	2	4
	2		8		7		1	
			2	9	5			
	5						8	

Nice and Easy

SUDOKU 19

	5						1	
4			5	6	9			7
		3		4		5		
	4			9			6	
	7	5	6		4	3	9	
	3			5			8	
		4		1		9		
2			9	8	5			3
	1						5	

Nice and Easy
SUDOKU 20

		9		3		6		
		3	5		2	4		
1	4						3	5
	3			2			4	
4			8		7			3
	2			5			9	
9	5						6	7
		8	1		9	3		
		7		4		9		

Nice and Easy

SUDOKU 21

				6		8		
	8		9			4	5	
9	6				5			
		9	5		3		4	
3								7
	7		2		8	3		
			8				2	3
	5	1			6		8	
		4		9				

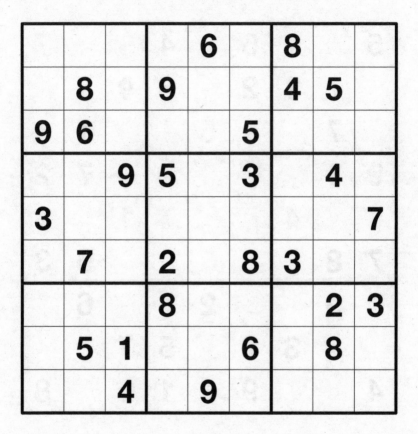

Nice and Easy
SUDOKU 22

5			6		4			7
		1	2		8	9		
	7			5			1	
9	1						7	2
		4				1		
7	8						5	3
	9			2			6	
		3	8		5	7		
4			9		1			8

Nice and Easy
SUDOKU 23

9				2				8
		2	6		3	7		
	1		4		5		6	
	3	7				4	8	
2								3
	5	6				2	1	
	2		7		8		3	
		9	2		6	1		
6				5				4

Nice and Easy

SUDOKU 24

9								7
	1	6				8	5	
	5	2		8		1	3	
			6	5	3			
		8	1		7	4		
			8	2	4			
	9	1		6		2	8	
	4	7				5	9	
8								3

Nice and Easy

SUDOKU 25

		2				5		
	7	1				9	6	
9	5			2			7	3
			1	7	3			
		8	2		6	4		
			4	8	5			
4	1			5			8	6
	2	5				1	3	
		6				2		

Nice and Easy

SUDOKU 26

		9			6			
		4	7	8		9		
	8						4	2
5			1		3		6	
	7						2	
	9		4		2			8
8	3						9	
		2		3	8	1		
			6			4		

Nice and Easy

SUDOKU 27

4		6				1		9
			7	1	8			
3								2
	4			8			2	
	6		3	5	2		9	
	9			6			5	
8								7
			8	3	4			
9		1				8		3

Nice and Easy

SUDOKU 28

		9				3		
			2	3	9			
4		6				8		2
	5			6			1	
	9		8		2		4	
	6			4			3	
8		2				1		5
			4	2	7			
		3				4		

Nice and Easy
SUDOKU 29

4		2	8					5
		1		2		7		
	7						3	6
			3		9			7
	9						1	
6			5		4			
3	5						6	
		8		5		4		
1					2	3		8

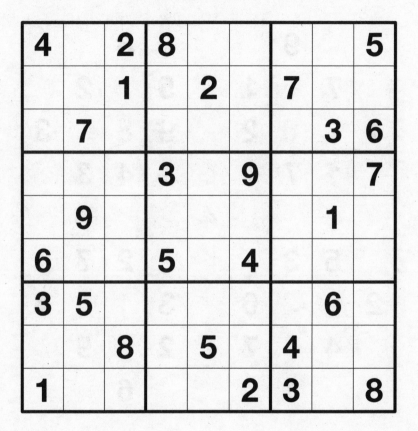

Nice and Easy

SUDOKU 30

		9				8		
	7		1		5		2	
1			2		9			3
	1	7				4	3	
				4				
	5	3				2	7	
2			6		3			4
	4		7		2		9	
		1				6		

Nice and Easy

SUDOKU 31

8			4		7			5
			3		8			
		7		9		3		
3	5		1		9		6	2
		1				4		
2	9		8		5		7	3
		2		1		9		
			9		4			
1			6		2			4

Nice and Easy

SUDOKU 32

7	9	1		8				4
					4			9
				5	6			7
	8	5						
1		2				8		3
						2	4	
4			1	3				
6			2					
8				4		7	3	2

Nice and Easy

SUDOKU 33

	3		5		1		8	
1			8	3	4			5
				9				
6	5						4	8
	2	3				5	1	
9	1						2	3
				6				
5			9	1	7			2
	9		4		5		6	

Nice and Easy

SUDOKU 34

		8		6		4		
			2	7	9			
7								9
	8		7		5		6	
3	6						4	2
	9		6		2		8	
5								8
			3	1	4			
		6		8		2		

Nice and Easy
SUDOKU 35

		4	9		2	5		
	7						8	
9				8				1
7			3	6	9			8
		9	1		8	7		
8			7	2	4			3
3				7				4
	5						9	
		8	2		3	6		

Nice and Easy

SUDOKU 36

		3		6		9		
	8	4				7	6	
6	7						2	3
			7		6			
8								5
			3		8			
4	2						7	8
	3	8				2	4	
		9		4		3		

Nice and Easy

SUDOKU 37

3	6						1	9
4				6				2
			5		7			
		1	3		6	2		
	4						9	
		2	8		9	5		
			6		2			
1				9				8
2	7						4	3

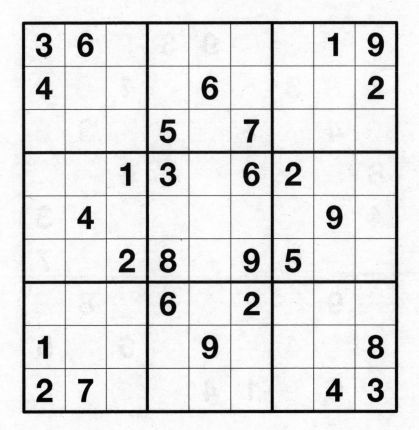

Nice and Easy
SUDOKU 38

				9	3		6	
7		3		8		4		
	4		7				3	
8						5		
4	7						1	3
		9						7
	9				7		8	
		4		2		6		5
	6		1	4				

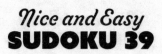

Nice and Easy
SUDOKU 39

		1	9	2	6	3		
				5				
2								5
6			4		3			7
9	5						1	3
4			5		8			2
8								4
				8				
		3	2	6	5	7		

Nice and Easy

SUDOKU 40

	1		9			8		
		6	3					4
8		2				6	9	
				1			2	8
			4		7			
6	3			8				
	6	3				1		2
4					2	9		
		1			5		4	

Nice and Easy
SUDOKU 41

	1		4	7	8		9	
6	3						2	7
1				8				9
8			6	5	9			1
2				4				3
4	8						3	2
	6		5	1	2		4	

Nice and Easy

SUDOKU 42

1								4
		9		5		2		
	3		8		6		1	
		3		7		5		
	2		6		9		8	
		6		8		1		
	9		4		5		2	
		2		9		3		
3								8

Nice and Easy
SUDOKU 43

		2		9		3		
7	5						1	6
1								4
	7		5		6		2	
		1		4		6		
	2		9		1		3	
8								2
3	1						4	5
		6		7		1		

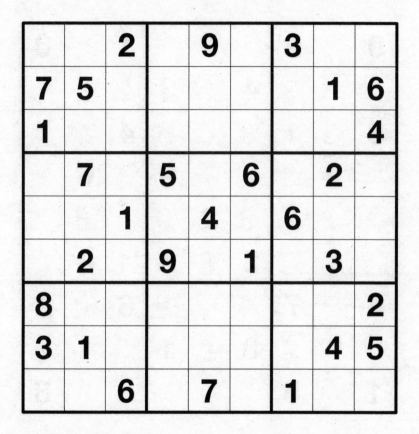

Nice and Easy

SUDOKU 44

9		2				1		6
			4		3			
8		1				4		7
	2		5		9		6	
				2				
	1		3		6		8	
4		7				6		2
			8		1			
1		6				3		8

Nice and Easy

SUDOKU 45

9			5					2
	6				2		9	
			4	9	8			
	7	1				6		4
		5				3		
4		9				7	5	
			1	6	5			
	5		7				4	
2					4			7

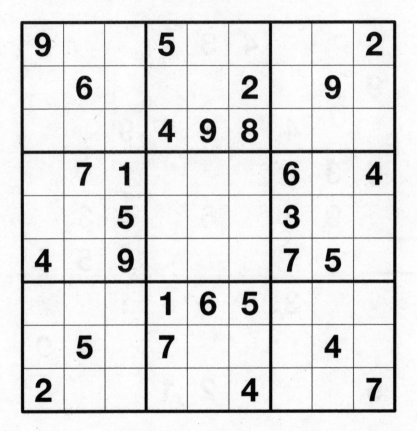

Nice and Easy

SUDOKU 46

			4	3				2
9	2							
		4			7	9		
5	3							
	9	8		6		4	3	
							5	1
		3	5			1		
							4	9
6				2	1			

Nice and Easy

SUDOKU 47

	9						7	
7			6		2	4		5
	8	2				1		
	3		9		8		6	
	2		3		6		4	
		9				7	5	
4		8	2		1			3
	7						2	

Nice and Easy

SUDOKU 48

1		9				2		7
				6				
3			2		7			9
		2	5		3	9		
	7			8			5	
		4	9		1	8		
2			4		6			5
				1				
7		1				6		8

Nice and Easy

SUDOKU 49

4		1				7		2
		6				5		
3	5		2		9		8	4
		8		2		3		
			4		1			
		9		5		6		
8	3		7		5		1	6
		4				9		
9		5				2		7

Nice and Easy

SUDOKU 50

	9						4	
1		2				5		8
	8		5		9		7	
		1	8	3	2	7		
			7		4			
		3	9	6	5	2		
	6		1		3		2	
2		7				1		9
	1						5	

Some Effort Required

SUDOKU 51

2			1	4	3			9
7		6				3		4
		5	4	3	9	2		
	4		7		6		8	
		1	8	2	5	4		
6		3				1		7
4			3	7	1			5

Some Effort Required

SUDOKU 52

7					5	8		9
	6			7	4		2	
5								
2	8		9		1			
	1						3	
			3		2		8	6
								3
	7		5	1			9	
8		6	2					5

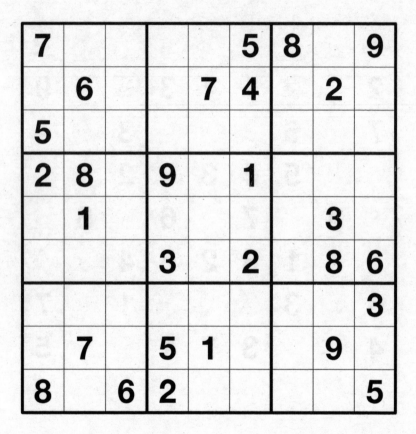

Some Effort Required

SUDOKU 53

5								2
		2	6		7	8		
	7		3		2		9	
	8	9		3		4	6	
			4		1			
	4	5		9		2	3	
	6		2		3		5	
		1	5		8	9		
8								6

Some Effort Required

SUDOKU 54

		1				7		
7			6	2	1			5
	3						9	
3			5		4			6
	4						7	
8			7		2			4
	7						2	
5			9	8	7			1
		9				4		

Some Effort Required

SUDOKU 55

3								8
	4	8			1		7	
			7	8			6	
	6		1		7	3		
		2				7		
		3	8		2		9	
	7			1	5			
	1		6			2	4	
4								9

Some Effort Required

SUDOKU 56

					8			
	1	3					2	
		4	7	1		6	8	
9			3		1	8		
		2		4		5		
		7	5		6			2
	5	1		9	2	7		
	9					4	5	
			8					

Some Effort Required

SUDOKU 57

		7	1		3	4		
		1		7		5		
	9		2		5		6	
8				1				6
		5				8		
1				8				4
	3		4		2		1	
		6		3		2		
		2	8		6	7		

Some Effort Required

SUDOKU 58

2			1	7	6			9
			5		9			
		6				7		
4	9		8		7		2	6
5								7
1	7		2		5		4	3
		9				3		
			9		3			
7			6	2	8			1

Some Effort Required

SUDOKU 59

7	6						9	5
4			7		5			8
				1				
	4			5			8	
		6	3		8	1		
	1			6			2	
				3				
3			4		7			1
6	8						7	4

Some Effort Required

SUDOKU 60

	3		5					
			7	2	6			
		7					8	6
	9	1	3					
	7						2	
					2	4	1	
6	8					2		
			1	8	7			
					4		9	

Some Effort Required

SUDOKU 61

6	8	7						4
					4			1
		4		8		5		6
	2		6		5			
		1				8		
			8		3		6	
4		8		5		6		
1			2					
3						1	9	8

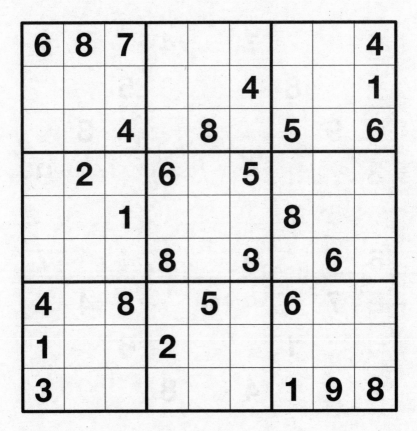

SUDOKU 62

5			7		4			2
		8				5		
	9			1			3	
3			5		2			9
		7				1		
6			9		1			7
	7			5			4	
		1				6		
2			4		8			1

Some Effort Required

SUDOKU 63

4	3		7		9		1	5
2		9				8		7
	7						3	
9			3		1			8
3			8		2			4
	9						2	
6		7				3		9
5	4		2		6		8	1

Some Effort Required

SUDOKU 64

2		4				1		3
		1		6		7		
7	3						4	8
			8	3	1			
	1		4		9		2	
			5	2	6			
1	8						9	6
		9		5		2		
5		2				3		4

Some Effort Required

SUDOKU 65

				2		1	3	
3					6	5		
5	9							
	7		4	3	8			
1			2		9			5
			5	6	1		7	
							9	2
		7	3					6
	6	8		5				

Some Effort Required

SUDOKU 66

					2	8		
		9		5				
8				4	6	1	5	
						5	4	
	6						2	
	5	7						
	7	4	1	9				8
				6		3		
		2	7					

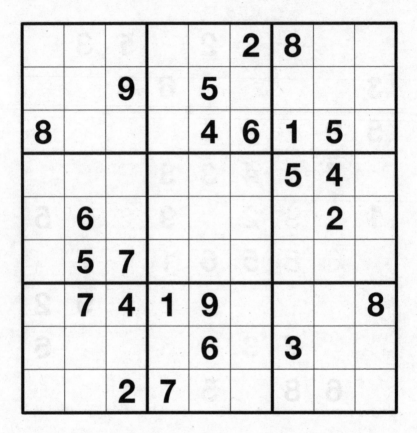

Some Effort Required

SUDOKU 67

				9		5	7	
1			6			8		
3	9		7	1				
						3	8	
5		9				2		6
	6	8						
				2	9		5	8
		4			6			2
	8	3		7				

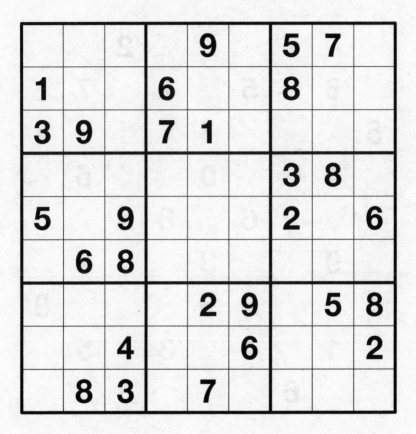

Some Effort Required

SUDOKU 68

		7				2		
	6		5		2		7	
5				7				4
	4			9			6	
		2	6		8	5		
	9			3			1	
4				5				9
	1		4		3		5	
		6				3		

Some Effort Required

SUDOKU 69

	3			8			9	
6								8
		4	1		9	2		
		1	3		6	8		
7								2
		8	5		4	9		
		3	4		5	7		
9								4
	2			3			5	

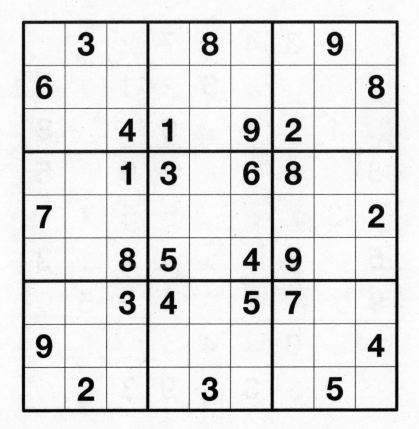

Some Effort Required

SUDOKU 70

		3	4		7			
				5		1		
	1		9		6			8
6		4				9		5
	3						7	
5		7				8		3
9			2		1		5	
		8		4				
			3		9	7		

SUDOKU 71

3		2				1		9
	8		9		1		4	
1				3				8
	2		6		7		8	
		4				9		
	6		1		9		2	
7				1				2
	1		3		2		9	
2		5				4		6

Some Effort Required

SUDOKU 72

8		6						1
				2	6	4		
	5				9			3
	4	9		6				
	2		3		8		6	
				5		1	2	
3			9				1	
		1	6	3				
7						9		6

Some Effort Required

SUDOKU 73

	8			2			9	
3	6						5	8
		1		8		4		
			9		6			
4		9				2		3
			2		1			
		7		6		9		
6	9						3	1
	4			1			2	

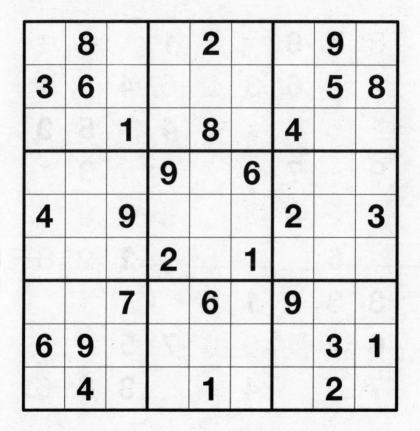

Some Effort Required

SUDOKU 74

	7	9			1			
		6	3					1
				7	4		5	9
9		7					3	
		8				7		
	6					2		8
8	3		1	6				
6					7	5		
			4			3	8	

Some Effort Required

SUDOKU 75

2								7
4			5		1			9
	3						5	
		2	1		5	9		
5			9	7	3			2
		8	4		2	1		
	2						4	
7			3		9			1
1								3

Some Effort Required

SUDOKU 76

3		6	5		2	9		8
	5			4			3	
4				6				5
9								6
	2	8				3	1	
7								2
5				2				3
	3			9			6	
8		7	1		4	2		9

Some Effort Required

SUDOKU 77

	3						2	
		1	6		2			
			4				3	6
		2				6		7
				8				
9		8				1		
3	4				8			
			3		6	7		
	2						5	

Some Effort Required

SUDOKU 78

			4	2				1
4	8	9				2		
3			7					
	3					7		2
	6						1	
5		4					3	
					2			4
		7				1	8	5
1				8	6			

Some Effort Required

SUDOKU 79

	2		3		8		1	
5								2
		9		1		4		
4			1		5			9
		1		7		3		
8			2		9			6
		7		5		6		
1								7
	8		4		7		9	

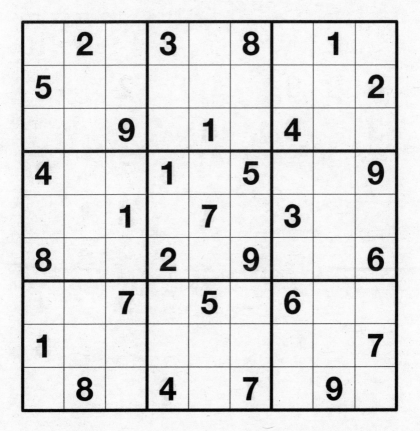

Some Effort Required

SUDOKU 80

	2		6		1		4	
8								5
		6		5		1		
6			1		8			9
		7		4		8		
4			2		5			1
		1		2		9		
7								3
	3		7		9		1	

Some Effort Required

SUDOKU 81

2				8		3		4
		5	6	4				
3							9	
			9		6		3	
6	7						4	9
	8		2		4			
	2							5
				5	7	6		
8		1		6				3

Some Effort Required

SUDOKU 82

			1			9	5	
2	5						1	
9			4		5			
		4		9		3		6
			5		4			
1		8		6		4		
			9		8			7
	1						9	8
	6	9			3			

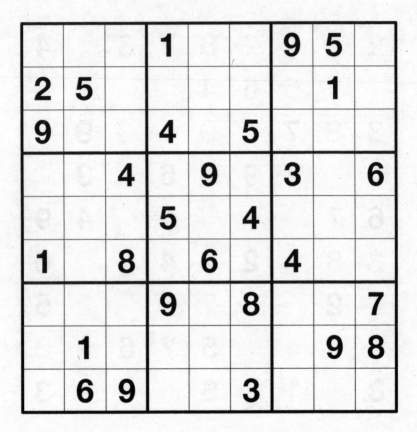

Some Effort Required

SUDOKU 83

			2		7			
	1						5	
	8	7		9		3	6	
		8	1		9	5		
6								1
3			8		2			6
	6			7			9	
5		4				2		3

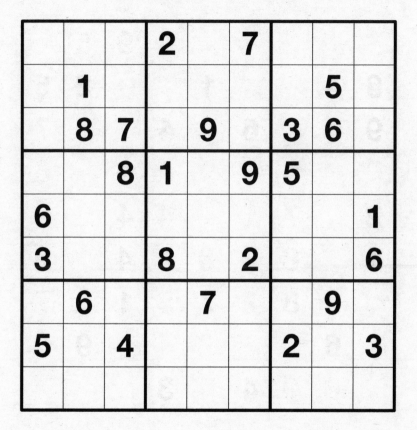

Some Effort Required

SUDOKU 84

6	4			1			2	5
9			6		4			7
		5				9		
2		7				4		3
8								2
		8		7		1		
	6						9	
			4		3			

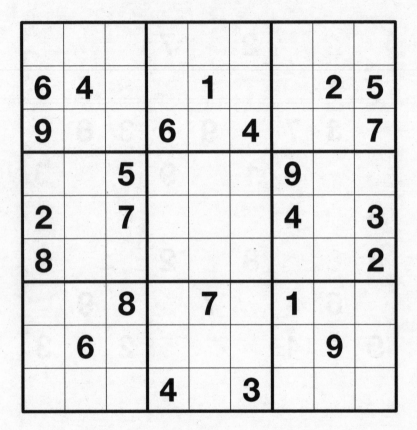

Some Effort Required

SUDOKU 85

	2		6		3			
			7			8		1
	1			2				
5							4	3
		4				6		
7	8							9
				7			8	
9		1			5			
			3		4		7	

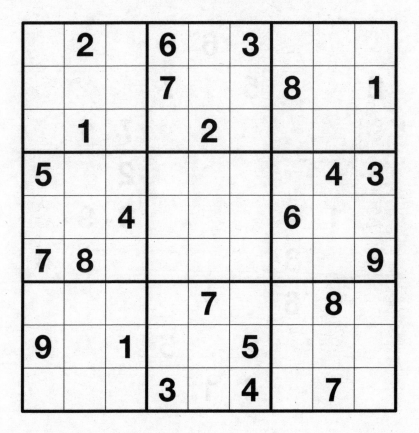

Some Effort Required

SUDOKU 86

				6	9			
2			5		7			
						7	1	
5						2		3
	1	4				8	9	
7		8						4
	5	6						
			2		5			9
			4	1				

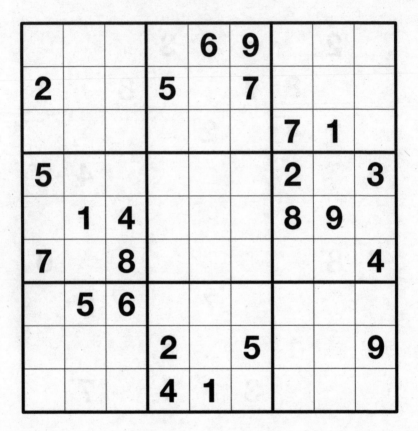

Some Effort Required

SUDOKU 87

	3			1				
		8	6				7	4
		4			9		1	
6	5							
	4			9			6	
							4	3
	7		2			6		
3	8				7	5		
				3			9	

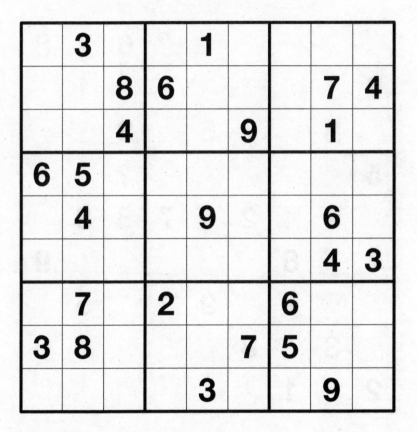

Some Effort Required

SUDOKU 88

						6		8
7					3		1	
	8			5		3		
4						1		
	9		2		7		8	
		6						9
		7		9			5	
	3		8					6
2		1						

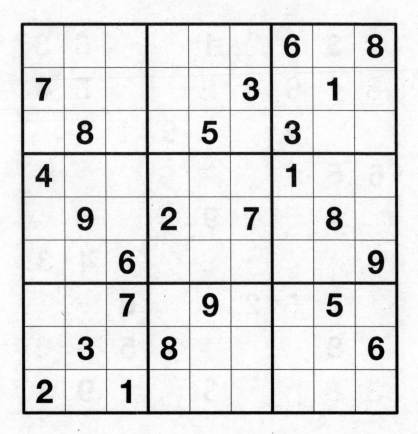

Some Effort Required

SUDOKU 89

7	2						6	3
8	6			2			5	9
		3				1		
			4	9	6			
	4		2		5		8	
			1	8	7			
		5				8		
4	9			1			3	6
3	8						9	1

Some Effort Required

SUDOKU 90

	8		5		7		4	
				8				
		7	1		2	3		
5	7						8	4
		1				5		
9	2						1	3
		4	6		9	7		
				2				
	1		8		3		5	

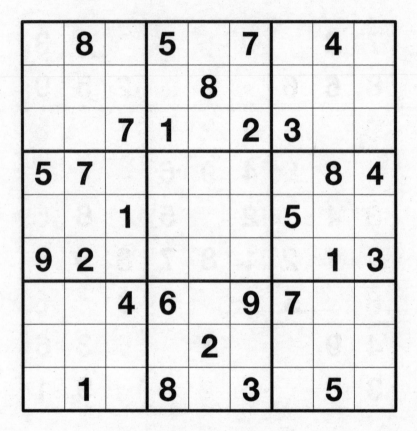

Some Effort Required
SUDOKU 91

			9	5	3			
		6				2		
9			2		7			8
	5	8				4	1	
3								5
	7	2				8	9	
8			7		4			6
		1				5		
			5	2	6			

Some Effort Required

SUDOKU 92

8	9							
	5		1					
7				9	4			
5						4		8
		3	4		2	1		
9		8						7
			9	3				6
					6		3	
							8	9

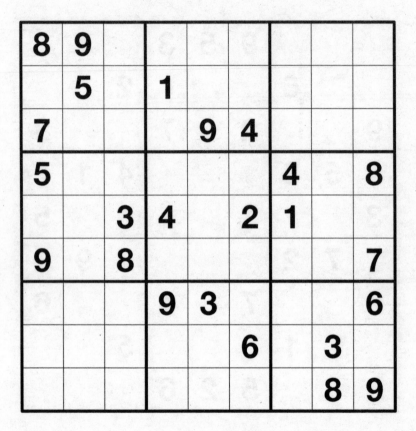

Some Effort Required

SUDOKU 93

	5				2			
		1	9	3				6
		7	6			9	8	
1						8	6	
	9						1	
	8	3						5
	1	4			8	5		
2				7	3	1		
			5				2	

SUDOKU 94

				1		5		
		4	3		6			
2							3	
	9		2		1		5	
1								7
	7		5		8		4	
	3							1
			6		5	7		
		9		4				

Some Effort Required

SUDOKU 95

5				7				2
4			9		2			7
			5		3			
	9			5			3	
		4				6		
		3		2		1		
	6		8		1		5	
9	2						6	3

Some Effort Required

SUDOKU 96

	3		7			6		9
			8	9				
		2				7	8	
			4		1		7	5
				2				
1	5		9		7			
	7	1				3		
				1	8			
8		3			5		2	

Some Effort Required

SUDOKU 97

3	6				2			4
	2		3				1	8
			5		9			
9		3				2	5	
	7	2				3		6
			7		3			
4	5				6		3	
2			1				9	7

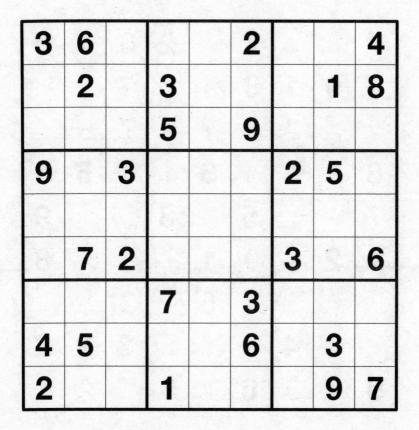

Some Effort Required

SUDOKU 98

					2			5
6	9	1				7		
				7				
8				3			6	
7			5		8			9
	2			1				8
				5				
		4				3	9	2
9			6					

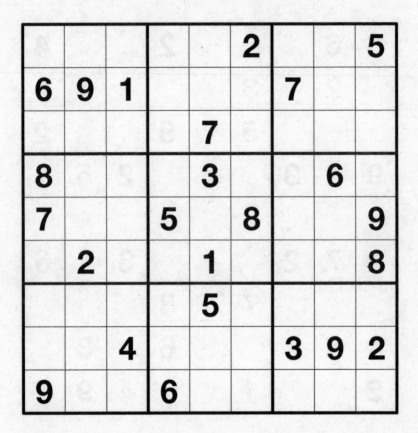

Some Effort Required

SUDOKU 99

		1			7			8
				5		3		
					8			2
		9		6		7		1
				4				
2		4		9		6		
3			1					
		6		7				
5			2			4		

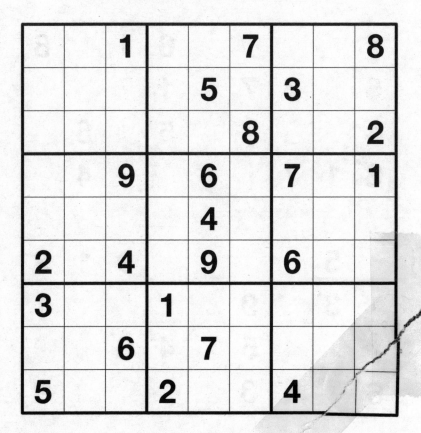

Some Effort Required

SUDOKU 100

5					6	1		8
		6	7		1			
4					5		6	
2	1	7					4	
	5					9	1	2
	3		9					1
			5		4	6		
6		5	3					9

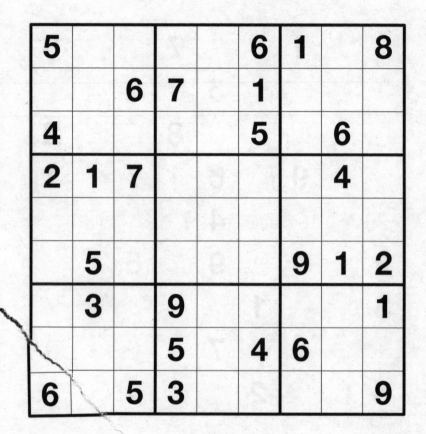

Some Effort Required

SUDOKU 101

		1	4				3	
3					8	1		
	6		5					2
	2		6		4	8		1
1		8	2		3		4	
9					6		1	
		5	9					3
	8				7	5		

Some Effort Required

SUDOKU 102

		8	2		6	3		
9		6				5		2
2				5				4
			1	7	8			
7				9				3
4		1				2		7
		2	3		4	6		

Some Effort Required

SUDOKU 103

		5				9		
	6			1			3	
1			6		4			8
3	4	6		8		1	7	5
7	2	1		3		6	8	9
6			8		7			1
	1			9			5	
		2				8		

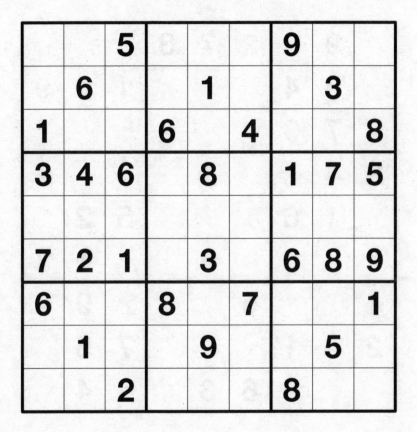

Some Effort Required

SUDOKU 104

	9			7	3			
	3	4				1		9
	7				9			
8	4			1				
	1	6				5	2	
				6			1	7
			5				9	
2		1				7	5	
			6	3			4	

Some Effort Required

SUDOKU 105

3			2	5		6		8
	7						2	
5					8			
		9		1				3
4			5		6			9
1				4		5		
			8					6
	3						9	
7		5		2	9			4

Some Effort Required

SUDOKU 106

	5			8			3	
7			1		6			5
		3				6		
	8			6			7	
4			5		3			2
	1			7			4	
		9				3		
2			9		8			4
	6			4			5	

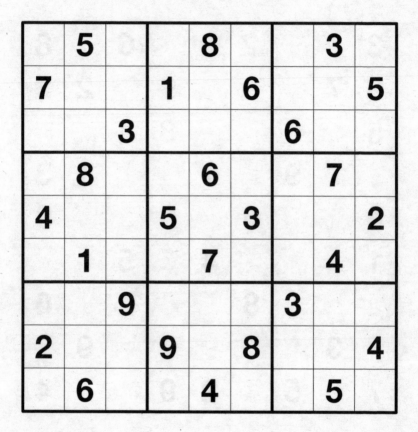

Some Effort Required

SUDOKU 107

6			2		9			8
	3	5				4	7	
	9						8	
		7				3		
			7	4	5			
2			3		6			4
	1			9			6	
			1		4			

Some Effort Required

SUDOKU 108

	1	4	6			2		
				5				8
3			4					9
						4		6
	3						1	
6		7						
4					6			1
8				2				
		5			1	6	9	

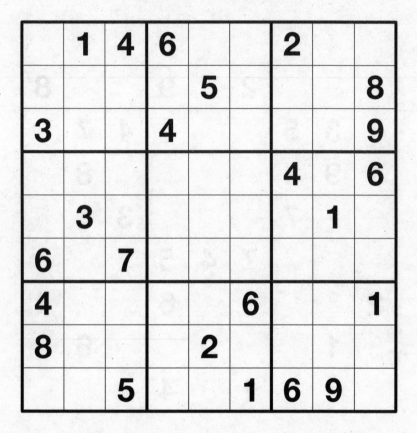

Some Effort Required

SUDOKU 109

	4			3			7	
3	9			5			4	6
			1		6			
		6				7		
9	2						1	5
		3				2		
			5		1			
5	3			2			9	8
	7			8			5	

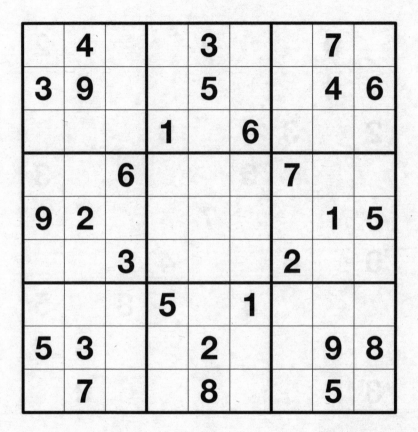

SUDOKU 110

	9			3				2
7	4						5	
2		3			9			
			6			7		3
				7				
9		6			4			
			4			8		5
	2						3	6
3				8			2	

Straining Hard
SUDOKU 111

2								9
1			4		6			7
	4	3				2	6	
	1		5		8		7	
	7	6				4	2	
		8				1		
			3		9			
6								5

Straining Hard

SUDOKU 112

	4		1		7		6	
7		3		6		8		4
	6			4			2	
5								6
	2	7				5	8	
9								2
	7			1			5	
3		6		5		2		1
	5		6		4		9	

Straining Hard

SUDOKU 113

8	5	7			2			
	3			7		2	9	
2								
	8		1		6		4	
	1		5		9		6	
								4
	9	8		1			7	
			4			9	5	6

Straining Hard

SUDOKU 114

			4					
		2		9			7	
			3	1		8		2
5		9					4	7
	6						9	
7	4					6		3
1		6		2	3			
	2			7		5		
					5			

Straining Hard

SUDOKU 115

	1		5					
		4		2		6		
8	3			4				
	7				4			5
5				8				3
1			3				6	
				9			2	8
		8		3		7		
					6		1	

Straining Hard

SUDOKU 116

5		3				9		1
		4	1	9	3	6		
4			9		8			2
	6						1	
		1		2		7		
9		2	5		7	8		6
7								3

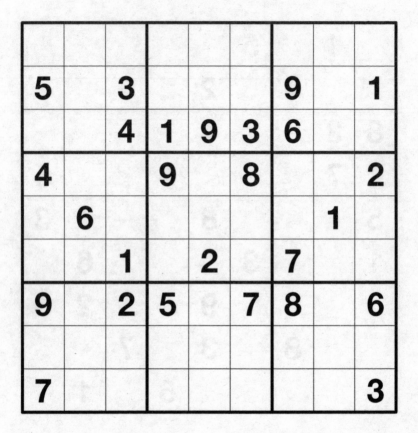

Straining Hard

SUDOKU 117

	8				9			
7			5		2		9	
5				8				
1	6		8			7		
		7			4		3	2
				9				8
	3		1		6			9
			3				4	

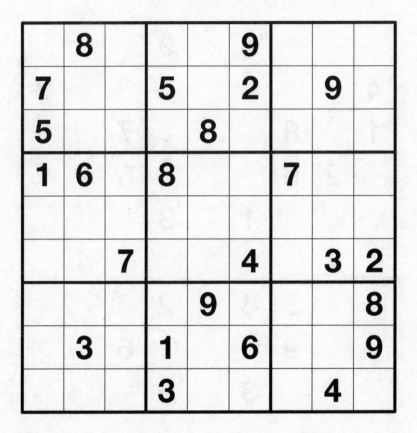

Straining Hard

SUDOKU 118

			8		9			
4			6		5			9
1		8				7		6
	2	6				8	9	
			1		3			
	7						4	
			4	9	2			
		9				6		
			3		6			

Straining Hard
SUDOKU 119

		6		1				
		9						1
		5		7	6		8	
			9			6	1	
7								4
	6	2			7			
	1		3	5		9		
6						1		
				4		5		

Straining Hard

SUDOKU 120

		6	7		9	1		
	4						9	
9		8				7		6
7			5		2			9
3			6		8			2
8		3				6		7
	1						2	
		9	3		6	5		

Straining Hard
SUDOKU 121

7			1		6			5
				4				
	2	3	5		9	1	8	
2				1				4
	7		3		2		9	
9				6				2
	1	5	4		7	2	6	
				5				
8			6		1			9

Straining Hard

SUDOKU 122

	1		8		5		6	
7			6		3			8
		2				3		
5	6						4	9
				4				
3	9						7	2
		9				4		
4			7		2			5
	5		9		4		1	

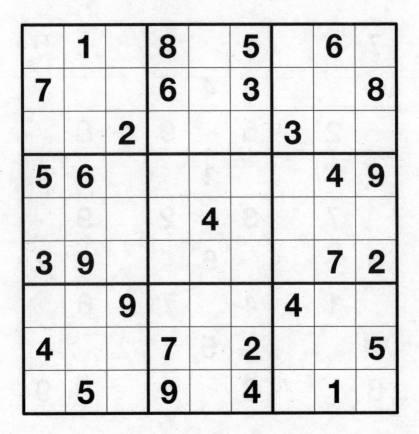

Straining Hard

SUDOKU 123

	3				5	6		
		2		7	3			9
7							2	
4	8		7		1			
	7						5	
			5		6		8	7
	5							6
9			6	5		2		
		7	2				9	

Straining Hard

SUDOKU 124

		5	1	3	7	8		
1								9
	2		9		6		1	
			3	8	2			
7								2
	3						4	
9		2		4		7		8
	5						6	

Straining Hard

SUDOKU 125

		5		7		4		
			1		2			
2			9		4			8
	2	9				1	8	
8								3
	4	7				5	6	
9			4		1			7
			5		6			
		1		3		2		

Straining Hard

SUDOKU 126

7								
					8	3		
5	8		1		6			
	7		6			4		1
9			8		2			5
4		6			3		2	
			2		5		4	9
		7	3					
								3

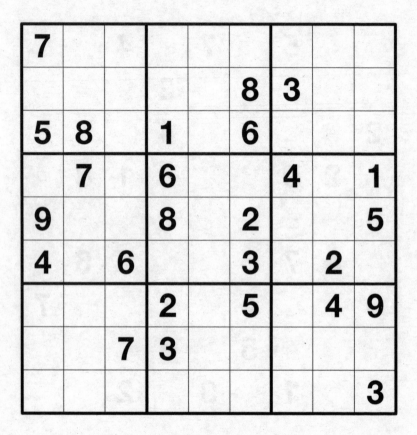

Straining Hard

SUDOKU 127

			1			7		
	2				6	9	4	
6	3			9				
	5		3		9			4
		7				3		
4			6		1		7	
				5			1	7
	8	4	7				9	
		2			3			

Straining Hard

SUDOKU 128

1			2					
	7	4		1			6	
5		8						9
				3	7	4		
6								8
		3	8	6				
7						9		3
	3			9		1	8	
					2			5

Straining Hard

SUDOKU 129

		1	7					
							7	1
2		9				4		
	9			1			5	
			6		9			
	5			3			8	
		3				8		9
6	1							
					3	2		

Straining Hard

SUDOKU 130

2	9						6	7
6		3				8		9
	8	7				5	1	
			3	9	2			
			6		1			
			4	8	7			
	7	6				9	8	
9		8				4		3
1	2						7	5

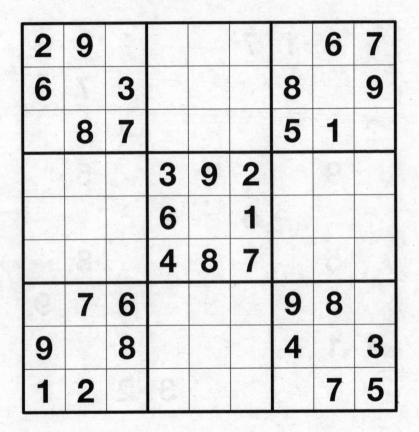

Straining Hard

SUDOKU 131

7			3			9	4	6
	9							8
1				7				
2	4							
		5				6		
							7	4
				9				1
5							6	
3	6	4			5			2

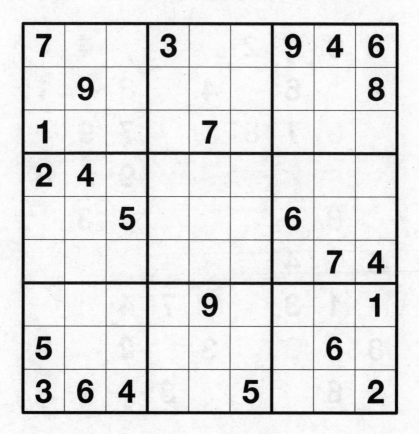

Straining Hard

SUDOKU 132

	3		2				4	
9		6		4				1
		1	8			7	9	
						9		8
	8						3	
6		4						
	1	3			7	4		
8				3		2		9
	6				8		1	

Straining Hard

SUDOKU 133

		8		1		7		
7			2		9			6
			4		1			
3		6		8		4		2
8		9	6		3	5		4
	7						9	
6				4				3

Straining Hard

SUDOKU 134

		4		5	9			
9			1	3		2		
	7						6	
		1						4
		5				3		
8						6		
	1						2	
		7		1	5			3
			2	6		5		

Straining Hard
SUDOKU 135

7			4		2			6
		3		7		1		
	8						2	
4			6		1			2
	1			4			8	
5			8		3			9
	9						6	
		5		6		2		
6			5		9			1

Straining Hard

SUDOKU 136

8				3				6
		2	6		1	8		
	9						5	
	1			6			8	
9			4		3			7
	5			9			3	
	8						4	
		1	5		8	9		
5				2				8

Straining Hard

SUDOKU 137

	6	7				8	5	
	4		7		9		2	
7			6		8			2
8				5				3
6			9		1			4
	1		2		3		4	
	8	3				9	1	

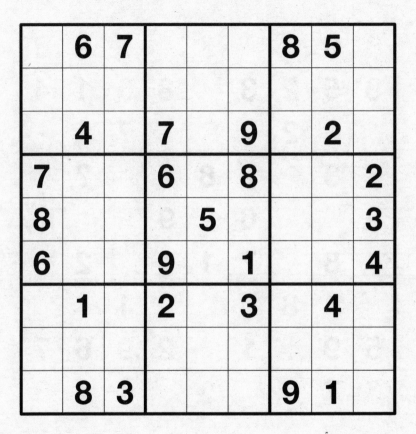

Straining Hard

SUDOKU 138

	6						9	
9	5		3		8		1	4
		2				7		
	3		2	8	5		7	
			6		9			
	8		7	1	4		2	
		8				1		
5	9		1		2		6	7
	7						4	

Straining Hard

SUDOKU 139

	6	8	9				5	
				2		1	4	
7								
					1	6		
8		1		7		2		9
		9	8					
								7
	8	7		3				
	4				5	8	1	

Straining Hard

SUDOKU 140

		2				6		
9	3						1	5
	8						7	
2	9		1		3		5	8
		8	5		2	9		
				6				
			9		7			
8			6		1			7
	1						2	

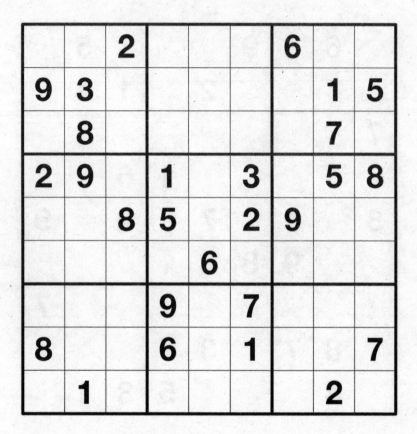

Straining Hard
SUDOKU 141

		7				9		
4			9		2			3
6				4				5
		4		7		1		
7				2				9
		2		9		8		
2				1				8
9			5		3			2
		1				5		

Straining Hard

SUDOKU 142

2			9		8			1
	9	8		4		5	3	
8		9				7		4
	3			5			1	
1		2				6		3
	2	6		1		8	4	
5			3		6			7

Straining Hard

SUDOKU 143

1			5			3		8
	4			6			7	
5				7	2			
		2						3
	5	1				8	4	
6						7		
			9	4				7
	1			2			3	
3		4			1			6

Straining Hard

SUDOKU 144

			8		2	1		
	6	9	4					
8	7			1				
		3				9		
4								6
		7				5		
				7			3	5
					6	2	7	
		5	9		8			

Straining Hard

SUDOKU 145

9				3			2	
					5	4		8
	1		4					
				6				7
7		1				6		5
4				2				
					6		1	
3		4	9					
	9			5				6

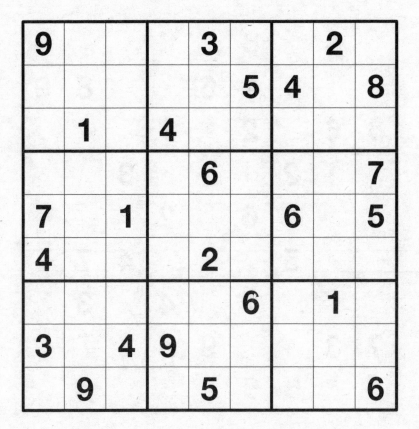

Straining Hard

SUDOKU 146

	8							
			1	6			8	9
	6		2		7			
	1	2				3		
			6		2			
		5				4	7	
			7		4		3	
7	3			9	8			
							4	

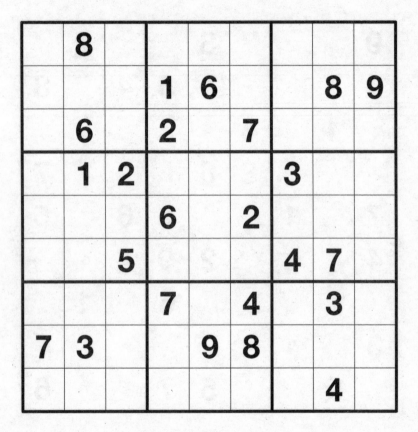

Straining Hard
SUDOKU 147

9			7	8			3	
							2	
	4					5		
		5	2			1		9
		4				3		
1		3			9	4		
		6					8	
	5							
	2			6	7			5

Straining Hard

SUDOKU 148

		9			5			
	2			8		1	7	
	8			4	7			9
3		2						
	5	7		9		6	1	
						3		2
8			4	6			2	
	4	6		5			9	
			8			4		

Straining Hard

SUDOKU 149

8								6
6			2		8			4
				9				
5			9	4	1			8
	1	2				7	3	
	4						2	
			4		5			
	3			7			8	

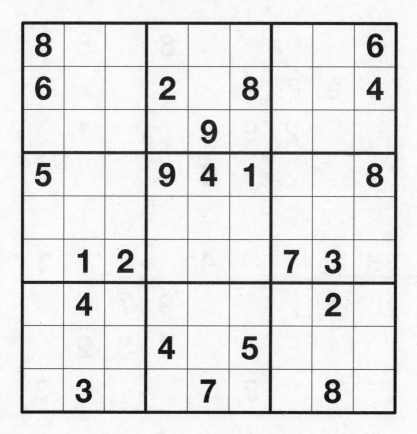

Straining Hard
SUDOKU 150

3					8		6	
	9	7	4					
		2	9				1	
9				6				5
8				4				1
	1				9	7		
					4	8	2	
	4		7					3

Straining Hard

SUDOKU 151

3			4		2			8
		1				3		
	6			3			7	
9			7		1			2
		5				1		
1			3		5			6
	1			4			2	
		9				4		
6			2		8			1

Straining Hard
SUDOKU 152

1								7
	3	7				4	2	
	5		7		6		8	
	8	3				1	7	
	7						3	
9								4
			5		2			
			9	4	1			
2								8

SUDOKU 153

	3						6	
6			1		3			4
		2		8		3		
	4		9		2		1	
		6				9		
	5		6		8		3	
		9		6		8		
8			7		1			9
	2						4	

Straining Hard

SUDOKU 154

	8						6	
3			8		2			9
		2		4		8		
	2		4		7		5	
		4				7		
	1		6		5		3	
		9		1		2		
2			7		8			5
	7						4	

Straining Hard

SUDOKU 155

		2				1		
				3				
	8	5				4	2	
		8	6		4	3		
2	9			8			7	4
7								9
		4	9		7	6		
8				4				3

Straining Hard

SUDOKU 156

			3		2			
	9	5				7	3	
		1	7		6	8		
	7		1		4		5	
8	6						7	1
				2				
1								3
		2	8		9	6		

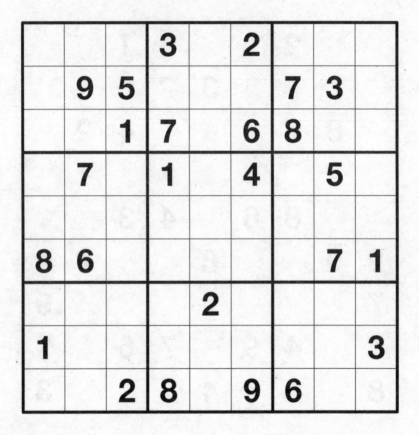

Straining Hard

SUDOKU 157

	3	9				7	6	
			9		2			
	2			9			1	
4			6	2	8			7
		3				5		
		7				3		
		6				1		
8			7	6	3			5

Straining Hard

SUDOKU 158

						8	2	
5	8						4	
3				2	4			
		1	3		5			
		8		7		5		
			2		8	9		
			7	9				4
	2						6	7
	5	3						

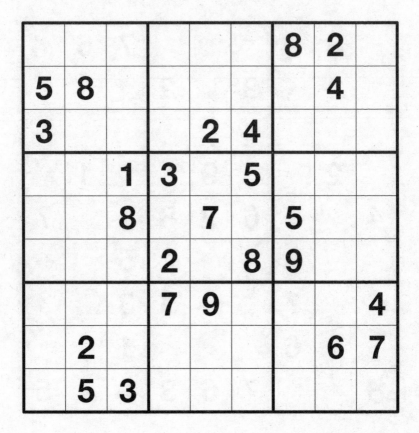

Straining Hard

SUDOKU 159

		3						4
		5		4		1		
		7	1		8		6	
					5	9		8
			7		4			
9		1	8					
	6		5		1	7		
		9		6		5		
2						6		

Straining Hard

SUDOKU 160

		6	9		5	8		
	1		6		4		7	
3								6
	6						4	
1								3
			1	5	8			
4				8				1
	2			7			3	
5								9

Straining Hard

SUDOKU 161

		2		1		6		
	3						2	
4			2		7			3
		9	1		2	3		
1				8				2
		8	9		5	1		
9			8		3			7
	6						8	
		7		9		5		

SOLUTIONS

Puzzle 1

7	2	1	8	6	4	3	5	9
4	5	3	7	1	9	2	6	8
8	6	9	2	3	5	7	1	4
5	3	8	1	9	6	4	7	2
2	1	4	5	7	3	8	9	6
6	9	7	4	8	2	1	3	5
9	4	6	3	2	1	5	8	7
3	8	5	9	4	7	6	2	1
1	7	2	6	5	8	9	4	3

Puzzle 2

5	7	2	3	4	1	6	9	8
8	3	4	7	6	9	2	5	1
1	9	6	5	8	2	3	7	4
6	1	3	9	7	8	5	4	2
2	4	7	1	5	6	9	8	3
9	8	5	2	3	4	1	6	7
3	5	9	4	2	7	8	1	6
4	6	1	8	9	3	7	2	5
7	2	8	6	1	5	4	3	9

Puzzle 3

2	8	7	3	1	9	5	6	4
1	5	4	6	2	7	9	8	3
6	9	3	8	5	4	1	7	2
8	4	1	2	7	3	6	9	5
9	7	2	1	6	5	3	4	8
5	3	6	4	9	8	7	2	1
4	6	5	9	3	2	8	1	7
3	1	8	7	4	6	2	5	9
7	2	9	5	8	1	4	3	6

Puzzle 4

8	5	3	2	1	9	6	4	7
6	7	1	5	4	3	8	2	9
2	4	9	7	8	6	1	3	5
5	3	7	4	6	8	9	1	2
9	2	8	1	3	7	4	5	6
4	1	6	9	5	2	3	7	8
1	8	5	6	2	4	7	9	3
3	9	2	8	7	1	5	6	4
7	6	4	3	9	5	2	8	1

Puzzle 5

6	8	9	4	2	1	3	7	5
3	7	4	5	6	9	8	2	1
2	1	5	8	7	3	6	4	9
7	3	1	6	8	2	9	5	4
4	5	8	3	9	7	2	1	6
9	2	6	1	5	4	7	8	3
5	4	2	9	3	8	1	6	7
8	6	3	7	1	5	4	9	2
1	9	7	2	4	6	5	3	8

Puzzle 6

6	1	5	2	3	4	9	8	7
4	8	7	9	6	5	3	1	2
2	3	9	7	8	1	4	6	5
7	6	3	8	9	2	5	4	1
9	5	4	3	1	7	8	2	6
8	2	1	5	4	6	7	9	3
5	4	6	1	7	9	2	3	8
1	7	8	4	2	3	6	5	9
3	9	2	6	5	8	1	7	4

SOLUTIONS

Puzzle 7

8	7	2	4	9	3	5	1	6
5	3	1	6	8	2	7	4	9
4	9	6	7	1	5	2	8	3
9	4	5	8	3	7	6	2	1
3	2	8	9	6	1	4	5	7
1	6	7	5	2	4	3	9	8
6	1	4	3	5	8	9	7	2
2	5	3	1	7	9	8	6	4
7	8	9	2	4	6	1	3	5

Puzzle 8

9	4	6	2	1	5	8	3	7
7	8	5	3	4	9	1	2	6
3	2	1	7	8	6	9	5	4
8	5	7	4	3	1	2	6	9
1	3	2	6	9	7	5	4	8
4	6	9	5	2	8	3	7	1
2	7	8	1	6	3	4	9	5
6	9	3	8	5	4	7	1	2
5	1	4	9	7	2	6	8	3

Puzzle 9

5	9	8	6	4	7	2	1	3
4	3	1	5	2	8	7	9	6
2	6	7	9	1	3	4	8	5
3	5	2	8	9	1	6	7	4
1	8	4	7	6	5	3	2	9
6	7	9	2	3	4	1	5	8
8	1	5	4	7	6	9	3	2
9	4	3	1	8	2	5	6	7
7	2	6	3	5	9	8	4	1

Puzzle 10

6	5	8	9	4	1	2	3	7
4	1	9	2	3	7	8	5	6
3	7	2	6	5	8	4	9	1
2	9	4	1	8	6	3	7	5
7	6	5	3	2	9	1	4	8
8	3	1	5	7	4	6	2	9
9	8	3	7	1	2	5	6	4
1	2	7	4	6	5	9	8	3
5	4	6	8	9	3	7	1	2

Puzzle 11

7	2	5	8	9	1	6	4	3
3	4	9	5	6	2	1	7	8
8	6	1	7	3	4	9	5	2
2	5	4	1	8	6	3	9	7
6	3	7	2	4	9	5	8	1
1	9	8	3	5	7	4	2	6
5	8	6	4	7	3	2	1	9
9	7	2	6	1	5	8	3	4
4	1	3	9	2	8	7	6	5

Puzzle 12

3	2	6	7	8	1	5	9	4
8	1	4	3	9	5	7	6	2
9	7	5	6	4	2	8	1	3
2	8	9	4	7	3	6	5	1
6	4	7	1	5	8	2	3	9
1	5	3	9	2	6	4	7	8
7	3	8	2	6	9	1	4	5
5	6	1	8	3	4	9	2	7
4	9	2	5	1	7	3	8	6

SOLUTIONS

Puzzle 13

7	1	8	2	4	3	9	6	5
9	6	5	1	7	8	4	2	3
4	2	3	6	5	9	7	8	1
6	3	2	5	8	7	1	9	4
8	5	9	4	1	6	3	7	2
1	4	7	3	9	2	6	5	8
5	8	1	9	6	4	2	3	7
2	7	6	8	3	1	5	4	9
3	9	4	7	2	5	8	1	6

Puzzle 14

7	6	8	3	5	4	9	1	2
5	9	4	8	1	2	7	3	6
1	2	3	6	9	7	8	4	5
3	8	2	7	6	5	4	9	1
9	7	5	2	4	1	3	6	8
4	1	6	9	8	3	2	5	7
2	4	1	5	3	8	6	7	9
6	3	7	1	2	9	5	8	4
8	5	9	4	7	6	1	2	3

Puzzle 15

3	6	2	8	9	1	7	4	5
7	8	1	4	5	6	9	3	2
9	4	5	7	2	3	1	8	6
8	2	6	5	1	7	3	9	4
5	1	9	3	4	8	2	6	7
4	3	7	9	6	2	5	1	8
1	9	8	2	7	4	6	5	3
6	7	3	1	8	5	4	2	9
2	5	4	6	3	9	8	7	1

Puzzle 16

8	1	4	5	3	7	6	9	2
7	5	2	6	1	9	8	4	3
3	6	9	2	8	4	1	5	7
4	2	8	9	7	3	5	1	6
6	3	5	4	2	1	9	7	8
9	7	1	8	6	5	2	3	4
1	9	6	3	4	8	7	2	5
2	4	7	1	5	6	3	8	9
5	8	3	7	9	2	4	6	1

Puzzle 17

6	9	5	7	1	2	4	8	3
4	2	1	6	8	3	7	9	5
8	7	3	5	4	9	6	1	2
1	4	2	9	3	5	8	6	7
5	3	6	8	7	1	9	2	4
9	8	7	4	2	6	5	3	1
2	5	8	3	9	7	1	4	6
3	6	4	1	5	8	2	7	9
7	1	9	2	6	4	3	5	8

Puzzle 18

5	8	3	4	7	6	2	9	1
1	6	7	9	3	2	4	5	8
2	4	9	5	8	1	3	6	7
6	3	2	1	4	9	8	7	5
4	7	5	6	2	8	1	3	9
8	9	1	7	5	3	6	2	4
9	2	4	8	6	7	5	1	3
3	1	8	2	9	5	7	4	6
7	5	6	3	1	4	9	8	2

SOLUTIONS

Puzzle 19

6	5	8	2	3	7	4	1	9
4	2	1	5	6	9	8	3	7
7	9	3	1	4	8	5	2	6
1	4	2	8	9	3	7	6	5
8	7	5	6	2	4	3	9	1
9	3	6	7	5	1	2	8	4
5	8	4	3	1	6	9	7	2
2	6	7	9	8	5	1	4	3
3	1	9	4	7	2	6	5	8

Puzzle 20

5	7	9	4	3	8	6	2	1
6	8	3	5	1	2	4	7	9
1	4	2	7	9	6	8	3	5
7	3	6	9	2	1	5	4	8
4	9	5	8	6	7	2	1	3
8	2	1	3	5	4	7	9	6
9	5	4	2	8	3	1	6	7
2	6	8	1	7	9	3	5	4
3	1	7	6	4	5	9	8	2

Puzzle 21

5	4	7	3	6	1	8	9	2
1	8	3	9	2	7	4	5	6
9	6	2	4	8	5	7	3	1
6	1	9	5	7	3	2	4	8
3	2	8	6	4	9	5	1	7
4	7	5	2	1	8	3	6	9
7	9	6	8	5	4	1	2	3
2	5	1	7	3	6	9	8	4
8	3	4	1	9	2	6	7	5

Puzzle 22

5	3	9	6	1	4	2	8	7
6	4	1	2	7	8	9	3	5
2	7	8	3	5	9	6	1	4
9	1	6	5	4	3	8	7	2
3	5	4	7	8	2	1	9	6
7	8	2	1	9	6	4	5	3
8	9	5	4	2	7	3	6	1
1	2	3	8	6	5	7	4	9
4	6	7	9	3	1	5	2	8

Puzzle 23

9	6	3	1	2	7	5	4	8
5	4	2	6	8	3	7	9	1
7	1	8	4	9	5	3	6	2
1	3	7	5	6	2	4	8	9
2	9	4	8	7	1	6	5	3
8	5	6	9	3	4	2	1	7
4	2	5	7	1	8	9	3	6
3	8	9	2	4	6	1	7	5
6	7	1	3	5	9	8	2	4

Puzzle 24

9	8	3	5	1	2	6	4	7
4	1	6	3	7	9	8	5	2
7	5	2	4	8	6	1	3	9
2	7	4	6	5	3	9	1	8
5	3	8	1	9	7	4	2	6
1	6	9	8	2	4	3	7	5
3	9	1	7	6	5	2	8	4
6	4	7	2	3	8	5	9	1
8	2	5	9	4	1	7	6	3

SOLUTIONS

Puzzle 25

6	8	2	7	3	9	5	1	4
3	7	1	5	4	8	9	6	2
9	5	4	6	2	1	8	7	3
5	4	9	1	7	3	6	2	8
1	3	8	2	9	6	4	5	7
2	6	7	4	8	5	3	9	1
4	1	3	9	5	2	7	8	6
7	2	5	8	6	4	1	3	9
8	9	6	3	1	7	2	4	5

Puzzle 26

3	5	9	2	4	6	8	7	1
2	6	4	7	8	1	9	3	5
1	8	7	3	5	9	6	4	2
5	2	8	1	9	3	7	6	4
4	7	1	8	6	5	3	2	9
6	9	3	4	7	2	5	1	8
8	3	6	5	1	4	2	9	7
7	4	2	9	3	8	1	5	6
9	1	5	6	2	7	4	8	3

Puzzle 27

4	8	6	5	2	3	1	7	9
5	2	9	7	1	8	6	3	4
3	1	7	6	4	9	5	8	2
1	4	5	9	8	7	3	2	6
7	6	8	3	5	2	4	9	1
2	9	3	4	6	1	7	5	8
8	3	4	1	9	5	2	6	7
6	7	2	8	3	4	9	1	5
9	5	1	2	7	6	8	4	3

Puzzle 28

7	2	9	6	8	4	3	5	1
5	8	1	2	3	9	7	6	4
4	3	6	5	7	1	8	9	2
2	5	4	7	6	3	9	1	8
3	9	7	8	1	2	5	4	6
1	6	8	9	4	5	2	3	7
8	4	2	3	9	6	1	7	5
9	1	5	4	2	7	6	8	3
6	7	3	1	5	8	4	2	9

Puzzle 29

4	6	2	8	3	7	1	9	5
5	3	1	9	2	6	7	8	4
8	7	9	1	4	5	2	3	6
2	8	5	3	1	9	6	4	7
7	9	4	2	6	8	5	1	3
6	1	3	5	7	4	8	2	9
3	5	7	4	8	1	9	6	2
9	2	8	6	5	3	4	7	1
1	4	6	7	9	2	3	5	8

Puzzle 30

5	2	9	4	3	6	8	1	7
3	7	4	1	8	5	9	2	6
1	6	8	2	7	9	5	4	3
6	1	7	5	2	8	4	3	9
9	8	2	3	4	7	1	6	5
4	5	3	9	6	1	2	7	8
2	9	5	6	1	3	7	8	4
8	4	6	7	5	2	3	9	1
7	3	1	8	9	4	6	5	2

SOLUTIONS

Puzzle 31

8	1	3	4	2	7	6	9	5
9	2	5	3	6	8	7	4	1
4	6	7	5	9	1	3	2	8
3	5	4	1	7	9	8	6	2
7	8	1	2	3	6	4	5	9
2	9	6	8	4	5	1	7	3
5	4	2	7	1	3	9	8	6
6	3	8	9	5	4	2	1	7
1	7	9	6	8	2	5	3	4

Puzzle 32

7	9	1	3	8	2	5	6	4
5	6	8	7	1	4	3	2	9
2	3	4	9	5	6	1	8	7
9	8	5	4	2	3	6	7	1
1	4	2	5	6	7	8	9	3
3	7	6	8	9	1	2	4	5
4	2	7	1	3	8	9	5	6
6	5	3	2	7	9	4	1	8
8	1	9	6	4	5	7	3	2

Puzzle 33

2	3	9	5	7	1	6	8	4
1	7	6	8	3	4	2	9	5
4	8	5	2	9	6	3	7	1
6	5	7	1	2	3	9	4	8
8	2	3	7	4	9	5	1	6
9	1	4	6	5	8	7	2	3
7	4	1	3	6	2	8	5	9
5	6	8	9	1	7	4	3	2
3	9	2	4	8	5	1	6	7

Puzzle 34

9	5	8	1	6	3	4	2	7
6	4	3	2	7	9	8	5	1
7	1	2	4	5	8	6	3	9
2	8	1	7	4	5	9	6	3
3	6	5	8	9	1	7	4	2
4	9	7	6	3	2	1	8	5
5	7	4	9	2	6	3	1	8
8	2	9	3	1	4	5	7	6
1	3	6	5	8	7	2	9	4

Puzzle 35

1	8	4	9	3	2	5	6	7
5	7	3	4	1	6	2	8	9
9	2	6	5	8	7	4	3	1
7	4	5	3	6	9	1	2	8
2	3	9	1	5	8	7	4	6
8	6	1	7	2	4	9	5	3
3	9	2	6	7	5	8	1	4
6	5	7	8	4	1	3	9	2
4	1	8	2	9	3	6	7	5

Puzzle 36

2	5	3	1	6	7	9	8	4
9	8	4	5	2	3	7	6	1
6	7	1	4	8	9	5	2	3
3	4	5	7	9	6	8	1	2
8	9	7	2	1	4	6	3	5
1	6	2	3	5	8	4	9	7
4	2	6	9	3	5	1	7	8
5	3	8	6	7	1	2	4	9
7	1	9	8	4	2	3	5	6

SOLUTIONS

Puzzle 37

3	6	5	4	2	8	7	1	9
4	1	7	9	6	3	8	5	2
8	2	9	5	1	7	4	3	6
5	9	1	3	7	6	2	8	4
6	4	8	2	5	1	3	9	7
7	3	2	8	4	9	5	6	1
9	8	4	6	3	2	1	7	5
1	5	3	7	9	4	6	2	8
2	7	6	1	8	5	9	4	3

Puzzle 38

2	5	8	4	9	3	7	6	1
7	1	3	2	8	6	4	5	9
9	4	6	7	1	5	2	3	8
8	3	1	9	7	4	5	2	6
4	7	5	8	6	2	9	1	3
6	2	9	5	3	1	8	4	7
3	9	2	6	5	7	1	8	4
1	8	4	3	2	9	6	7	5
5	6	7	1	4	8	3	9	2

Puzzle 39

5	7	1	9	2	6	3	4	8
3	9	4	8	5	7	2	6	1
2	8	6	3	4	1	9	7	5
6	1	2	4	9	3	8	5	7
9	5	8	6	7	2	4	1	3
4	3	7	5	1	8	6	9	2
8	6	5	7	3	9	1	2	4
7	2	9	1	8	4	5	3	6
1	4	3	2	6	5	7	8	9

Puzzle 40

3	1	4	9	2	6	8	5	7
9	5	6	3	7	8	2	1	4
8	7	2	5	4	1	6	9	3
7	4	9	6	1	3	5	2	8
1	2	8	4	5	7	3	6	9
6	3	5	2	8	9	4	7	1
5	6	3	7	9	4	1	8	2
4	8	7	1	6	2	9	3	5
2	9	1	8	3	5	7	4	6

Puzzle 41

5	1	2	4	7	8	3	9	6
6	3	4	1	9	5	8	2	7
7	9	8	3	2	6	5	1	4
1	7	6	2	8	3	4	5	9
8	4	3	6	5	9	2	7	1
2	5	9	7	4	1	6	8	3
9	2	1	8	3	4	7	6	5
4	8	5	9	6	7	1	3	2
3	6	7	5	1	2	9	4	8

Puzzle 42

1	6	5	9	2	7	8	3	4
4	8	9	3	5	1	2	7	6
2	3	7	8	4	6	9	1	5
8	1	3	2	7	4	5	6	9
5	2	4	6	1	9	7	8	3
9	7	6	5	8	3	1	4	2
7	9	8	4	3	5	6	2	1
6	4	2	1	9	8	3	5	7
3	5	1	7	6	2	4	9	8

SOLUTIONS

Puzzle 43

4	6	2	1	9	7	3	5	8
7	5	3	4	2	8	9	1	6
1	8	9	6	5	3	2	7	4
9	7	8	5	3	6	4	2	1
5	3	1	7	4	2	6	8	9
6	2	4	9	8	1	5	3	7
8	9	5	3	1	4	7	6	2
3	1	7	2	6	9	8	4	5
2	4	6	8	7	5	1	9	3

Puzzle 44

9	4	2	7	5	8	1	3	6
6	7	5	4	1	3	8	2	9
8	3	1	6	9	2	4	5	7
3	2	4	5	8	9	7	6	1
5	6	8	1	2	7	9	4	3
7	1	9	3	4	6	2	8	5
4	8	7	9	3	5	6	1	2
2	9	3	8	6	1	5	7	4
1	5	6	2	7	4	3	9	8

Puzzle 45

9	4	7	5	1	6	8	3	2
1	6	8	3	7	2	4	9	5
5	3	2	4	9	8	1	7	6
3	7	1	8	5	9	6	2	4
6	8	5	2	4	7	3	1	9
4	2	9	6	3	1	7	5	8
7	9	4	1	6	5	2	8	3
8	5	6	7	2	3	9	4	1
2	1	3	9	8	4	5	6	7

Puzzle 46

8	1	5	4	3	9	7	6	2
9	2	7	6	5	8	3	1	4
3	6	4	2	1	7	9	8	5
5	3	1	7	4	2	6	9	8
2	9	8	1	6	5	4	3	7
4	7	6	9	8	3	2	5	1
7	8	3	5	9	4	1	2	6
1	5	2	3	7	6	8	4	9
6	4	9	8	2	1	5	7	3

Puzzle 47

5	9	4	1	8	3	2	7	6
7	1	3	6	9	2	4	8	5
6	8	2	4	5	7	1	3	9
1	3	7	9	4	8	5	6	2
9	4	6	7	2	5	3	1	8
8	2	5	3	1	6	9	4	7
2	6	9	8	3	4	7	5	1
4	5	8	2	7	1	6	9	3
3	7	1	5	6	9	8	2	4

Puzzle 48

1	5	9	8	3	4	2	6	7
4	2	7	1	6	9	5	8	3
3	8	6	2	5	7	1	4	9
8	1	2	5	4	3	9	7	6
9	7	3	6	8	2	4	5	1
5	6	4	9	7	1	8	3	2
2	3	8	4	9	6	7	1	5
6	9	5	7	1	8	3	2	4
7	4	1	3	2	5	6	9	8

SOLUTIONS

Puzzle 49

4	9	1	5	3	8	7	6	2
2	8	6	1	4	7	5	9	3
3	5	7	2	6	9	1	8	4
1	4	8	9	2	6	3	7	5
5	6	3	4	7	1	8	2	9
7	2	9	8	5	3	6	4	1
8	3	2	7	9	5	4	1	6
6	7	4	3	1	2	9	5	8
9	1	5	6	8	4	2	3	7

Puzzle 50

7	9	5	3	8	1	6	4	2
1	3	2	4	7	6	5	9	8
6	8	4	5	2	9	3	7	1
9	4	1	8	3	2	7	6	5
5	2	6	7	1	4	9	8	3
8	7	3	9	6	5	2	1	4
4	6	9	1	5	3	8	2	7
2	5	7	6	4	8	1	3	9
3	1	8	2	9	7	4	5	6

Puzzle 51

1	3	4	6	9	7	8	5	2
2	5	8	1	4	3	7	6	9
7	9	6	5	8	2	3	1	4
8	6	5	4	3	9	2	7	1
9	4	2	7	1	6	5	8	3
3	7	1	8	2	5	4	9	6
6	2	3	9	5	8	1	4	7
4	8	9	3	7	1	6	2	5
5	1	7	2	6	4	9	3	8

Puzzle 52

7	2	1	6	3	5	8	4	9
3	6	9	8	7	4	5	2	1
5	4	8	1	2	9	3	6	7
2	8	3	9	6	1	7	5	4
6	1	4	7	5	8	9	3	2
9	5	7	3	4	2	1	8	6
1	9	5	4	8	6	2	7	3
4	7	2	5	1	3	6	9	8
8	3	6	2	9	7	4	1	5

Puzzle 53

5	1	6	9	8	4	3	7	2
3	9	2	6	5	7	8	1	4
4	7	8	3	1	2	6	9	5
2	8	9	7	3	5	4	6	1
6	3	7	4	2	1	5	8	9
1	4	5	8	9	6	2	3	7
9	6	4	2	7	3	1	5	8
7	2	1	5	6	8	9	4	3
8	5	3	1	4	9	7	2	6

Puzzle 54

2	5	1	3	4	9	7	6	8
7	9	8	6	2	1	3	4	5
4	3	6	8	7	5	1	9	2
3	1	7	5	9	4	2	8	6
9	4	2	1	6	8	5	7	3
8	6	5	7	3	2	9	1	4
1	7	3	4	5	6	8	2	9
5	2	4	9	8	7	6	3	1
6	8	9	2	1	3	4	5	7

SOLUTIONS

Puzzle 55

3	9	7	5	6	4	1	2	8
6	4	8	3	2	1	9	7	5
5	2	1	7	8	9	4	6	3
9	6	4	1	5	7	3	8	2
1	8	2	9	3	6	7	5	4
7	5	3	8	4	2	6	9	1
2	7	9	4	1	5	8	3	6
8	1	5	6	9	3	2	4	7
4	3	6	2	7	8	5	1	9

Puzzle 56

6	7	9	2	3	8	1	4	5
8	1	3	4	6	5	9	2	7
5	2	4	7	1	9	6	8	3
9	6	5	3	2	1	8	7	4
3	8	2	9	4	7	5	6	1
1	4	7	5	8	6	3	9	2
4	5	1	6	9	2	7	3	8
2	9	8	1	7	3	4	5	6
7	3	6	8	5	4	2	1	9

Puzzle 57

2	5	7	1	6	3	4	8	9
6	4	1	9	7	8	5	3	2
3	9	8	2	4	5	1	6	7
8	7	4	5	1	9	3	2	6
9	6	5	3	2	4	8	7	1
1	2	3	6	8	7	9	5	4
7	3	9	4	5	2	6	1	8
4	8	6	7	3	1	2	9	5
5	1	2	8	9	6	7	4	3

Puzzle 58

2	5	4	1	7	6	8	3	9
3	1	7	5	8	9	2	6	4
9	8	6	4	3	2	7	1	5
4	9	3	8	1	7	5	2	6
5	6	2	3	9	4	1	8	7
1	7	8	2	6	5	9	4	3
6	2	9	7	4	1	3	5	8
8	4	1	9	5	3	6	7	2
7	3	5	6	2	8	4	9	1

Puzzle 59

7	6	1	8	4	3	2	9	5
4	3	2	7	9	5	6	1	8
5	9	8	2	1	6	4	3	7
9	4	3	1	5	2	7	8	6
2	5	6	3	7	8	1	4	9
8	1	7	9	6	4	5	2	3
1	7	4	6	3	9	8	5	2
3	2	5	4	8	7	9	6	1
6	8	9	5	2	1	3	7	4

Puzzle 60

1	3	6	5	9	8	7	4	2
8	4	9	7	2	6	1	5	3
5	2	7	4	3	1	9	8	6
2	9	1	3	4	5	8	6	7
4	7	8	6	1	9	3	2	5
3	6	5	8	7	2	4	1	9
6	8	4	9	5	3	2	7	1
9	5	2	1	8	7	6	3	4
7	1	3	2	6	4	5	9	8

SOLUTIONS

Puzzle 61

6	8	7	5	9	1	3	2	4
2	3	5	7	6	4	9	8	1
9	1	4	3	8	2	5	7	6
8	2	3	6	4	5	7	1	9
5	6	1	9	2	7	8	4	3
7	4	9	8	1	3	2	6	5
4	7	8	1	5	9	6	3	2
1	9	6	2	3	8	4	5	7
3	5	2	4	7	6	1	9	8

Puzzle 62

5	6	3	7	8	4	9	1	2
1	4	8	3	2	9	5	7	6
7	9	2	6	1	5	4	3	8
3	1	4	5	7	2	8	6	9
9	2	7	8	6	3	1	5	4
6	8	5	9	4	1	3	2	7
8	7	9	1	5	6	2	4	3
4	3	1	2	9	7	6	8	5
2	5	6	4	3	8	7	9	1

Puzzle 63

4	3	8	7	2	9	6	1	5
2	6	9	1	5	3	8	4	7
1	7	5	6	8	4	9	3	2
9	5	4	3	6	1	2	7	8
7	8	2	9	4	5	1	6	3
3	1	6	8	7	2	5	9	4
8	9	1	5	3	7	4	2	6
6	2	7	4	1	8	3	5	9
5	4	3	2	9	6	7	8	1

Puzzle 64

2	5	4	9	8	7	1	6	3
8	9	1	3	6	4	7	5	2
7	3	6	2	1	5	9	4	8
6	2	5	8	3	1	4	7	9
3	1	8	4	7	9	6	2	5
9	4	7	5	2	6	8	3	1
1	8	3	7	4	2	5	9	6
4	6	9	1	5	3	2	8	7
5	7	2	6	9	8	3	1	4

Puzzle 65

7	4	6	8	2	5	1	3	9
3	8	2	1	9	6	5	4	7
5	9	1	7	4	3	2	6	8
6	7	5	4	3	8	9	2	1
1	3	4	2	7	9	6	8	5
8	2	9	5	6	1	3	7	4
4	5	3	6	1	7	8	9	2
9	1	7	3	8	2	4	5	6
2	6	8	9	5	4	7	1	3

Puzzle 66

5	1	6	3	7	2	8	9	4
7	4	9	8	5	1	6	3	2
8	2	3	9	4	6	1	5	7
9	3	8	6	2	7	5	4	1
4	6	1	5	8	9	7	2	3
2	5	7	4	1	3	9	8	6
3	7	4	1	9	5	2	6	8
1	8	5	2	6	4	3	7	9
6	9	2	7	3	8	4	1	5

SOLUTIONS

Puzzle 67

8	2	6	4	9	3	5	7	1
1	4	7	6	5	2	8	9	3
3	9	5	7	1	8	6	2	4
4	1	2	9	6	5	3	8	7
5	3	9	8	4	7	2	1	6
7	6	8	2	3	1	9	4	5
6	7	1	3	2	9	4	5	8
9	5	4	1	8	6	7	3	2
2	8	3	5	7	4	1	6	9

Puzzle 68

9	8	7	1	6	4	2	3	5
3	6	4	5	8	2	9	7	1
5	2	1	3	7	9	6	8	4
7	4	5	2	9	1	8	6	3
1	3	2	6	4	8	5	9	7
6	9	8	7	3	5	4	1	2
4	7	3	8	5	6	1	2	9
8	1	9	4	2	3	7	5	6
2	5	6	9	1	7	3	4	8

Puzzle 69

5	3	2	6	8	7	4	9	1
6	1	9	2	4	3	5	7	8
8	7	4	1	5	9	2	6	3
2	9	1	3	7	6	8	4	5
7	4	5	8	9	1	6	3	2
3	6	8	5	2	4	9	1	7
1	8	3	4	6	5	7	2	9
9	5	6	7	1	2	3	8	4
4	2	7	9	3	8	1	5	6

Puzzle 70

8	5	3	4	1	7	2	6	9
4	6	9	8	5	2	1	3	7
7	1	2	9	3	6	5	4	8
6	8	4	1	7	3	9	2	5
2	3	1	5	9	8	4	7	6
5	9	7	6	2	4	8	1	3
9	7	6	2	8	1	3	5	4
3	2	8	7	4	5	6	9	1
1	4	5	3	6	9	7	8	2

Puzzle 71

3	4	2	8	7	6	1	5	9
6	8	7	9	5	1	2	4	3
1	5	9	2	3	4	6	7	8
9	2	1	6	4	7	3	8	5
8	7	4	5	2	3	9	6	1
5	6	3	1	8	9	7	2	4
7	9	6	4	1	5	8	3	2
4	1	8	3	6	2	5	9	7
2	3	5	7	9	8	4	1	6

Puzzle 72

8	7	6	5	4	3	2	9	1
9	1	3	8	2	6	4	5	7
4	5	2	1	7	9	6	8	3
5	4	9	2	6	1	3	7	8
1	2	7	3	9	8	5	6	4
6	3	8	7	5	4	1	2	9
3	6	4	9	8	5	7	1	2
2	9	1	6	3	7	8	4	5
7	8	5	4	1	2	9	3	6

SOLUTIONS

Puzzle 73

7	8	4	1	2	5	3	9	6
3	6	2	7	9	4	1	5	8
9	5	1	6	8	3	4	7	2
2	7	8	9	3	6	5	1	4
4	1	9	8	5	7	2	6	3
5	3	6	2	4	1	7	8	9
1	2	7	3	6	8	9	4	5
6	9	5	4	7	2	8	3	1
8	4	3	5	1	9	6	2	7

Puzzle 74

4	7	9	6	5	1	8	2	3
2	5	6	3	9	8	4	7	1
1	8	3	2	7	4	6	5	9
9	2	7	5	8	6	1	3	4
3	4	8	9	1	2	7	6	5
5	6	1	7	4	3	2	9	8
8	3	2	1	6	5	9	4	7
6	9	4	8	3	7	5	1	2
7	1	5	4	2	9	3	8	6

Puzzle 75

2	5	9	8	3	6	4	1	7
4	6	7	5	2	1	3	8	9
8	3	1	7	9	4	2	5	6
6	7	2	1	8	5	9	3	4
5	1	4	9	7	3	8	6	2
3	9	8	4	6	2	1	7	5
9	2	3	6	1	7	5	4	8
7	8	5	3	4	9	6	2	1
1	4	6	2	5	8	7	9	3

Puzzle 76

3	7	6	5	1	2	9	4	8
2	5	9	8	4	7	6	3	1
4	8	1	9	6	3	7	2	5
9	4	3	2	7	1	5	8	6
6	2	8	4	5	9	3	1	7
7	1	5	3	8	6	4	9	2
5	9	4	6	2	8	1	7	3
1	3	2	7	9	5	8	6	4
8	6	7	1	3	4	2	5	9

Puzzle 77

6	3	4	8	7	5	9	2	1
8	9	1	6	3	2	4	7	5
2	7	5	4	9	1	8	3	6
4	1	2	9	5	3	6	8	7
7	6	3	1	8	4	5	9	2
9	5	8	2	6	7	1	4	3
3	4	7	5	1	8	2	6	9
5	8	9	3	2	6	7	1	4
1	2	6	7	4	9	3	5	8

Puzzle 78

7	5	6	4	2	3	8	9	1
4	8	9	6	5	1	2	7	3
3	1	2	7	9	8	4	5	6
9	3	1	8	6	5	7	4	2
2	6	8	3	4	7	5	1	9
5	7	4	2	1	9	6	3	8
8	9	5	1	7	2	3	6	4
6	2	7	9	3	4	1	8	5
1	4	3	5	8	6	9	2	7

SOLUTIONS

Puzzle 79

6	2	4	3	9	8	7	1	5
5	1	8	7	6	4	9	3	2
7	3	9	5	1	2	4	6	8
4	6	2	1	3	5	8	7	9
9	5	1	8	7	6	3	2	4
8	7	3	2	4	9	1	5	6
2	4	7	9	5	1	6	8	3
1	9	5	6	8	3	2	4	7
3	8	6	4	2	7	5	9	1

Puzzle 80

9	2	5	6	8	1	3	4	7
8	1	4	9	3	7	6	2	5
3	7	6	4	5	2	1	9	8
6	5	2	1	7	8	4	3	9
1	9	7	3	4	6	8	5	2
4	8	3	2	9	5	7	6	1
5	4	1	8	2	3	9	7	6
7	6	9	5	1	4	2	8	3
2	3	8	7	6	9	5	1	4

Puzzle 81

2	6	7	1	8	9	3	5	4
1	9	5	6	4	3	8	2	7
3	4	8	7	2	5	1	9	6
4	1	2	9	7	6	5	3	8
6	7	3	5	1	8	2	4	9
5	8	9	2	3	4	7	6	1
7	2	6	3	9	1	4	8	5
9	3	4	8	5	7	6	1	2
8	5	1	4	6	2	9	7	3

Puzzle 82

3	4	6	1	8	7	9	5	2
2	5	7	6	3	9	8	1	4
9	8	1	4	2	5	7	6	3
5	7	4	8	9	1	3	2	6
6	3	2	5	7	4	1	8	9
1	9	8	3	6	2	4	7	5
4	2	5	9	1	8	6	3	7
7	1	3	2	4	6	5	9	8
8	6	9	7	5	3	2	4	1

Puzzle 83

9	5	6	2	3	7	1	4	8
2	1	3	6	8	4	7	5	9
4	8	7	5	9	1	3	6	2
7	2	8	1	6	9	5	3	4
6	9	5	7	4	3	8	2	1
3	4	1	8	5	2	9	7	6
1	6	2	3	7	8	4	9	5
5	7	4	9	1	6	2	8	3
8	3	9	4	2	5	6	1	7

Puzzle 84

7	5	1	8	3	2	6	4	9
6	4	3	7	1	9	8	2	5
9	8	2	6	5	4	3	1	7
4	3	5	2	6	7	9	8	1
2	1	7	5	9	8	4	6	3
8	9	6	3	4	1	5	7	2
5	2	8	9	7	6	1	3	4
3	6	4	1	2	5	7	9	8
1	7	9	4	8	3	2	5	6

SOLUTIONS

Puzzle 85

8	2	7	6	1	3	5	9	4
6	3	5	7	4	9	8	2	1
4	1	9	5	2	8	3	6	7
5	6	2	9	8	1	7	4	3
1	9	4	2	3	7	6	5	8
7	8	3	4	5	6	2	1	9
3	4	6	1	7	2	9	8	5
9	7	1	8	6	5	4	3	2
2	5	8	3	9	4	1	7	6

Puzzle 86

8	7	3	1	6	9	4	5	2
2	4	1	5	8	7	9	3	6
6	9	5	3	2	4	7	1	8
5	6	9	8	4	1	2	7	3
3	1	4	6	7	2	8	9	5
7	2	8	9	5	3	1	6	4
4	5	6	7	9	8	3	2	1
1	8	7	2	3	5	6	4	9
9	3	2	4	1	6	5	8	7

Puzzle 87

9	3	2	7	1	4	8	5	6
5	1	8	6	2	3	9	7	4
7	6	4	5	8	9	3	1	2
6	5	3	4	7	2	1	8	9
2	4	1	3	9	8	7	6	5
8	9	7	1	6	5	2	4	3
4	7	9	2	5	1	6	3	8
3	8	6	9	4	7	5	2	1
1	2	5	8	3	6	4	9	7

Puzzle 88

3	1	5	9	2	4	6	7	8
7	4	2	6	8	3	9	1	5
6	8	9	7	5	1	3	4	2
4	2	8	5	3	9	1	6	7
1	9	3	2	6	7	5	8	4
5	7	6	1	4	8	2	3	9
8	6	7	3	9	2	4	5	1
9	3	4	8	1	5	7	2	6
2	5	1	4	7	6	8	9	3

Puzzle 89

7	2	1	8	5	9	4	6	3
8	6	4	3	2	1	7	5	9
9	5	3	6	7	4	1	2	8
5	7	8	4	9	6	3	1	2
1	4	9	2	3	5	6	8	7
6	3	2	1	8	7	9	4	5
2	1	5	9	6	3	8	7	4
4	9	7	5	1	8	2	3	6
3	8	6	7	4	2	5	9	1

Puzzle 90

3	8	9	5	6	7	1	4	2
1	6	2	3	8	4	9	7	5
4	5	7	1	9	2	3	6	8
5	7	3	9	1	6	2	8	4
6	4	1	2	3	8	5	9	7
9	2	8	7	4	5	6	1	3
8	3	4	6	5	9	7	2	1
7	9	5	4	2	1	8	3	6
2	1	6	8	7	3	4	5	9

SOLUTIONS

Puzzle 91

2	8	7	9	5	3	1	6	4
5	3	6	4	8	1	2	7	9
9	1	4	2	6	7	3	5	8
6	5	8	3	9	2	4	1	7
3	4	9	1	7	8	6	2	5
1	7	2	6	4	5	8	9	3
8	2	5	7	1	4	9	3	6
7	6	1	8	3	9	5	4	2
4	9	3	5	2	6	7	8	1

Puzzle 92

8	9	1	7	2	3	6	5	4
2	5	4	1	6	8	9	7	3
7	3	6	5	9	4	8	1	2
5	1	2	3	7	9	4	6	8
6	7	3	4	8	2	1	9	5
9	4	8	6	1	5	3	2	7
1	8	5	9	3	7	2	4	6
4	2	9	8	5	6	7	3	1
3	6	7	2	4	1	5	8	9

Puzzle 93

6	5	9	7	8	2	3	4	1
8	2	1	9	3	4	7	5	6
3	4	7	6	5	1	9	8	2
1	7	2	3	4	5	8	6	9
5	9	6	8	2	7	4	1	3
4	8	3	1	9	6	2	7	5
9	1	4	2	6	8	5	3	7
2	6	5	4	7	3	1	9	8
7	3	8	5	1	9	6	2	4

Puzzle 94

9	6	3	8	1	4	5	7	2
7	5	4	3	2	6	9	1	8
2	1	8	7	5	9	6	3	4
4	9	6	2	7	1	8	5	3
1	8	5	4	6	3	2	9	7
3	7	2	5	9	8	1	4	6
5	3	7	9	8	2	4	6	1
8	4	1	6	3	5	7	2	9
6	2	9	1	4	7	3	8	5

Puzzle 95

5	1	6	4	7	8	3	9	2
4	3	8	9	6	2	5	1	7
2	7	9	5	1	3	4	8	6
6	9	2	1	5	4	7	3	8
1	5	4	3	8	7	6	2	9
7	8	3	6	2	9	1	4	5
3	6	7	8	9	1	2	5	4
9	2	1	7	4	5	8	6	3
8	4	5	2	3	6	9	7	1

Puzzle 96

4	3	8	7	5	2	6	1	9
7	1	6	8	9	3	5	4	2
5	9	2	1	6	4	7	8	3
2	6	9	4	3	1	8	7	5
3	8	7	5	2	6	1	9	4
1	5	4	9	8	7	2	3	6
6	7	1	2	4	9	3	5	8
9	2	5	3	1	8	4	6	7
8	4	3	6	7	5	9	2	1

SOLUTIONS

Puzzle 97

3	6	9	8	1	2	5	7	4
5	2	4	3	6	7	9	1	8
7	1	8	5	4	9	6	2	3
9	4	3	6	7	8	2	5	1
6	8	5	2	3	1	7	4	9
1	7	2	4	9	5	3	8	6
8	9	1	7	2	3	4	6	5
4	5	7	9	8	6	1	3	2
2	3	6	1	5	4	8	9	7

Puzzle 98

3	4	7	1	9	2	6	8	5
6	9	1	8	4	5	7	2	3
2	8	5	3	7	6	9	1	4
8	5	9	2	3	4	1	6	7
7	1	3	5	6	8	2	4	9
4	2	6	9	1	7	5	3	8
1	3	2	4	5	9	8	7	6
5	6	4	7	8	1	3	9	2
9	7	8	6	2	3	4	5	1

Puzzle 99

9	4	1	3	2	7	5	6	8
7	8	2	6	5	9	3	1	4
6	5	3	4	1	8	9	7	2
8	3	9	5	6	2	7	4	1
1	6	5	7	4	3	8	2	9
2	7	4	8	9	1	6	3	5
3	9	7	1	8	4	2	5	6
4	2	6	9	7	5	1	8	3
5	1	8	2	3	6	4	9	7

Puzzle 100

5	7	9	4	3	6	1	2	8
3	2	6	7	8	1	5	9	4
4	8	1	2	9	5	7	6	3
2	1	7	8	5	9	3	4	6
9	6	3	1	4	2	8	7	5
8	5	4	6	7	3	9	1	2
7	3	2	9	6	8	4	5	1
1	9	8	5	2	4	6	3	7
6	4	5	3	1	7	2	8	9

Puzzle 101

5	7	1	4	2	9	6	3	8
3	4	2	7	6	8	1	9	5
8	6	9	5	3	1	4	7	2
7	2	3	6	9	4	8	5	1
4	9	6	1	8	5	3	2	7
1	5	8	2	7	3	9	4	6
9	3	7	8	5	6	2	1	4
6	1	5	9	4	2	7	8	3
2	8	4	3	1	7	5	6	9

Puzzle 102

1	5	8	2	4	6	3	7	9
3	2	7	5	8	9	1	4	6
9	4	6	7	3	1	5	8	2
2	8	9	6	5	3	7	1	4
6	3	4	1	7	8	9	2	5
7	1	5	4	9	2	8	6	3
4	9	1	8	6	5	2	3	7
8	6	3	9	2	7	4	5	1
5	7	2	3	1	4	6	9	8

SOLUTIONS

Puzzle 103

4	7	5	3	2	8	9	1	6
2	6	8	5	1	9	7	3	4
1	9	3	6	7	4	5	2	8
3	4	6	9	8	2	1	7	5
5	8	9	7	6	1	3	4	2
7	2	1	4	3	5	6	8	9
6	3	4	8	5	7	2	9	1
8	1	7	2	9	6	4	5	3
9	5	2	1	4	3	8	6	7

Puzzle 104

1	9	8	4	7	3	2	6	5
5	3	4	2	8	6	1	7	9
6	7	2	1	5	9	3	8	4
8	4	5	7	1	2	9	3	6
7	1	6	3	9	4	5	2	8
3	2	9	8	6	5	4	1	7
4	8	3	5	2	7	6	9	1
2	6	1	9	4	8	7	5	3
9	5	7	6	3	1	8	4	2

Puzzle 105

3	9	1	2	5	4	6	7	8
8	7	6	3	9	1	4	2	5
5	4	2	6	7	8	9	3	1
6	5	9	7	1	2	8	4	3
4	2	3	5	8	6	7	1	9
1	8	7	9	4	3	5	6	2
9	1	4	8	3	7	2	5	6
2	3	8	4	6	5	1	9	7
7	6	5	1	2	9	3	8	4

Puzzle 106

6	5	4	7	8	2	9	3	1
7	9	8	1	3	6	4	2	5
1	2	3	4	9	5	6	8	7
9	8	5	2	6	4	1	7	3
4	7	6	5	1	3	8	9	2
3	1	2	8	7	9	5	4	6
5	4	9	6	2	7	3	1	8
2	3	1	9	5	8	7	6	4
8	6	7	3	4	1	2	5	9

Puzzle 107

7	8	2	4	5	3	6	1	9
6	4	1	2	7	9	5	3	8
9	3	5	8	6	1	4	7	2
1	9	4	6	3	2	7	8	5
5	2	7	9	1	8	3	4	6
8	6	3	7	4	5	9	2	1
2	7	9	3	8	6	1	5	4
4	1	8	5	9	7	2	6	3
3	5	6	1	2	4	8	9	7

Puzzle 108

5	1	4	6	8	9	2	3	7
9	7	6	3	5	2	1	4	8
3	8	2	4	1	7	5	6	9
1	5	9	2	3	8	4	7	6
2	3	8	7	6	4	9	1	5
6	4	7	1	9	5	3	8	2
4	9	3	5	7	6	8	2	1
8	6	1	9	2	3	7	5	4
7	2	5	8	4	1	6	9	3

SOLUTIONS

Puzzle 109

6	4	2	8	3	9	5	7	1
3	9	1	7	5	2	8	4	6
7	8	5	1	4	6	9	2	3
4	5	6	2	1	3	7	8	9
9	2	7	4	6	8	3	1	5
8	1	3	9	7	5	2	6	4
2	6	8	5	9	1	4	3	7
5	3	4	6	2	7	1	9	8
1	7	9	3	8	4	6	5	2

Puzzle 110

5	9	1	8	3	7	6	4	2
7	4	8	2	6	1	3	5	9
2	6	3	5	4	9	1	8	7
4	8	5	6	1	2	7	9	3
1	3	2	9	7	8	5	6	4
9	7	6	3	5	4	2	1	8
6	1	9	4	2	3	8	7	5
8	2	7	1	9	5	4	3	6
3	5	4	7	8	6	9	2	1

Puzzle 111

2	6	5	1	7	3	8	4	9
1	8	9	4	2	6	3	5	7
7	4	3	8	9	5	2	6	1
8	9	4	7	6	2	5	1	3
3	1	2	5	4	8	9	7	6
5	7	6	9	3	1	4	2	8
9	2	8	6	5	7	1	3	4
4	5	7	3	1	9	6	8	2
6	3	1	2	8	4	7	9	5

Puzzle 112

8	4	2	1	9	7	3	6	5
7	9	3	2	6	5	8	1	4
1	6	5	8	4	3	9	2	7
5	3	4	9	2	8	1	7	6
6	2	7	4	3	1	5	8	9
9	1	8	5	7	6	4	3	2
4	7	9	3	1	2	6	5	8
3	8	6	7	5	9	2	4	1
2	5	1	6	8	4	7	9	3

Puzzle 113

8	5	7	9	6	2	4	3	1
6	3	1	8	7	4	2	9	5
2	4	9	3	5	1	6	8	7
7	8	2	1	3	6	5	4	9
9	6	5	7	4	8	1	2	3
3	1	4	5	2	9	7	6	8
5	7	6	2	9	3	8	1	4
4	9	8	6	1	5	3	7	2
1	2	3	4	8	7	9	5	6

Puzzle 114

8	1	7	4	6	2	9	3	5
6	3	2	5	9	8	4	7	1
4	9	5	3	1	7	8	6	2
5	8	9	6	3	1	2	4	7
2	6	3	7	5	4	1	9	8
7	4	1	2	8	9	6	5	3
1	5	6	9	2	3	7	8	4
3	2	4	8	7	6	5	1	9
9	7	8	1	4	5	3	2	6

SOLUTIONS

Puzzle 115

2	1	7	5	6	3	8	4	9
9	5	4	7	2	8	6	3	1
8	3	6	1	4	9	5	7	2
6	7	3	9	1	4	2	8	5
5	4	2	6	8	7	1	9	3
1	8	9	3	5	2	4	6	7
7	6	1	4	9	5	3	2	8
4	9	8	2	3	1	7	5	6
3	2	5	8	7	6	9	1	4

Puzzle 116

1	9	6	8	5	2	4	3	7
5	2	3	7	4	6	9	8	1
8	7	4	1	9	3	6	2	5
4	5	7	9	1	8	3	6	2
2	6	9	3	7	4	5	1	8
3	8	1	6	2	5	7	9	4
9	1	2	5	3	7	8	4	6
6	3	5	4	8	1	2	7	9
7	4	8	2	6	9	1	5	3

Puzzle 117

6	8	2	7	3	9	4	1	5
7	4	1	5	6	2	8	9	3
5	9	3	4	8	1	6	2	7
1	6	9	8	2	3	7	5	4
3	2	4	9	7	5	1	8	6
8	5	7	6	1	4	9	3	2
4	1	5	2	9	7	3	6	8
2	3	8	1	4	6	5	7	9
9	7	6	3	5	8	2	4	1

Puzzle 118

6	5	2	8	7	9	4	1	3
4	3	7	6	1	5	2	8	9
1	9	8	2	3	4	7	5	6
3	2	6	5	4	7	8	9	1
9	8	4	1	2	3	5	6	7
5	7	1	9	6	8	3	4	2
8	6	3	4	9	2	1	7	5
2	4	9	7	5	1	6	3	8
7	1	5	3	8	6	9	2	4

Puzzle 119

3	8	6	4	1	9	7	5	2
2	7	9	5	8	3	4	6	1
1	4	5	2	7	6	3	8	9
5	3	8	9	2	4	6	1	7
7	9	1	8	6	5	2	3	4
4	6	2	1	3	7	8	9	5
8	1	7	3	5	2	9	4	6
6	5	4	7	9	8	1	2	3
9	2	3	6	4	1	5	7	8

Puzzle 120

2	3	6	7	5	9	1	8	4
1	4	7	8	6	3	2	9	5
9	5	8	2	4	1	7	3	6
7	8	4	5	1	2	3	6	9
5	6	2	9	3	4	8	7	1
3	9	1	6	7	8	4	5	2
8	2	3	1	9	5	6	4	7
6	1	5	4	8	7	9	2	3
4	7	9	3	2	6	5	1	8

SOLUTIONS

Puzzle 121

7	8	9	1	2	6	3	4	5
1	5	6	8	4	3	9	2	7
4	2	3	5	7	9	1	8	6
2	6	8	9	1	5	7	3	4
5	7	4	3	8	2	6	9	1
9	3	1	7	6	4	8	5	2
3	1	5	4	9	7	2	6	8
6	9	7	2	5	8	4	1	3
8	4	2	6	3	1	5	7	9

Puzzle 122

9	1	3	8	7	5	2	6	4
7	4	5	6	2	3	1	9	8
6	8	2	4	9	1	3	5	7
5	6	1	2	3	7	8	4	9
8	2	7	5	4	9	6	3	1
3	9	4	1	8	6	5	7	2
1	7	9	3	5	8	4	2	6
4	3	6	7	1	2	9	8	5
2	5	8	9	6	4	7	1	3

Puzzle 123

8	3	4	9	2	5	6	7	1
5	6	2	1	7	3	8	4	9
7	9	1	8	6	4	5	2	3
4	8	5	7	9	1	3	6	2
1	7	6	3	8	2	9	5	4
3	2	9	5	4	6	1	8	7
2	5	8	4	1	9	7	3	6
9	4	3	6	5	7	2	1	8
6	1	7	2	3	8	4	9	5

Puzzle 124

4	9	5	1	3	7	8	2	6
1	7	6	4	2	8	5	3	9
8	2	3	9	5	6	4	1	7
5	4	9	3	8	2	6	7	1
7	6	1	5	9	4	3	8	2
2	3	8	7	6	1	9	4	5
9	1	2	6	4	3	7	5	8
6	8	4	2	7	5	1	9	3
3	5	7	8	1	9	2	6	4

Puzzle 125

1	8	5	6	7	3	4	2	9
6	9	4	1	8	2	7	3	5
2	7	3	9	5	4	6	1	8
5	2	9	3	6	7	1	8	4
8	1	6	2	4	5	9	7	3
3	4	7	8	1	9	5	6	2
9	6	8	4	2	1	3	5	7
7	3	2	5	9	6	8	4	1
4	5	1	7	3	8	2	9	6

Puzzle 126

7	2	9	5	3	4	8	1	6
1	6	4	9	2	8	3	5	7
5	8	3	1	7	6	2	9	4
8	7	2	6	5	9	4	3	1
9	3	1	8	4	2	6	7	5
4	5	6	7	1	3	9	2	8
3	1	8	2	6	5	7	4	9
6	4	7	3	9	1	5	8	2
2	9	5	4	8	7	1	6	3

SOLUTIONS

Puzzle 127

9	4	5	1	2	8	7	3	6
7	2	8	5	3	6	9	4	1
6	3	1	4	9	7	8	2	5
2	5	6	3	7	9	1	8	4
8	1	7	2	4	5	3	6	9
4	9	3	6	8	1	5	7	2
3	6	9	8	5	4	2	1	7
5	8	4	7	1	2	6	9	3
1	7	2	9	6	3	4	5	8

Puzzle 128

1	6	9	2	8	3	7	5	4
3	7	4	9	1	5	8	6	2
5	2	8	7	4	6	3	1	9
8	1	2	5	3	7	4	9	6
6	9	7	4	2	1	5	3	8
4	5	3	8	6	9	2	7	1
7	4	6	1	5	8	9	2	3
2	3	5	6	9	4	1	8	7
9	8	1	3	7	2	6	4	5

Puzzle 129

3	6	1	7	4	8	5	9	2
4	8	5	3	9	2	6	7	1
2	7	9	5	6	1	4	3	8
7	9	2	8	1	4	3	5	6
8	3	4	6	5	9	1	2	7
1	5	6	2	3	7	9	8	4
5	2	3	4	7	6	8	1	9
6	1	8	9	2	5	7	4	3
9	4	7	1	8	3	2	6	5

Puzzle 130

2	9	5	1	4	8	3	6	7
6	1	3	2	7	5	8	4	9
4	8	7	9	6	3	5	1	2
8	6	1	3	9	2	7	5	4
7	4	9	6	5	1	2	3	8
5	3	2	4	8	7	1	9	6
3	7	6	5	2	4	9	8	1
9	5	8	7	1	6	4	2	3
1	2	4	8	3	9	6	7	5

Puzzle 131

7	5	2	3	8	1	9	4	6
4	9	3	5	6	2	7	1	8
1	8	6	9	7	4	2	3	5
2	4	1	6	3	7	5	8	9
9	7	5	1	4	8	6	2	3
6	3	8	2	5	9	1	7	4
8	2	7	4	9	6	3	5	1
5	1	9	8	2	3	4	6	7
3	6	4	7	1	5	8	9	2

Puzzle 132

7	3	8	2	1	9	5	4	6
9	5	6	7	4	3	8	2	1
4	2	1	8	5	6	7	9	3
3	7	2	1	6	4	9	5	8
1	8	5	9	7	2	6	3	4
6	9	4	3	8	5	1	7	2
2	1	3	6	9	7	4	8	5
8	4	7	5	3	1	2	6	9
5	6	9	4	2	8	3	1	7

SOLUTIONS

Puzzle 133

2	6	8	5	1	4	7	3	9
7	5	1	2	3	9	8	4	6
9	3	4	8	6	7	2	5	1
1	4	7	3	2	6	9	8	5
5	8	2	4	9	1	3	6	7
3	9	6	7	8	5	4	1	2
8	1	9	6	7	3	5	2	4
4	7	3	1	5	2	6	9	8
6	2	5	9	4	8	1	7	3

Puzzle 134

2	8	4	6	5	9	1	3	7
9	5	6	1	3	7	2	4	8
1	7	3	8	4	2	9	6	5
3	9	1	5	2	6	7	8	4
7	6	5	9	8	4	3	1	2
8	4	2	3	7	1	6	5	9
5	1	8	7	9	3	4	2	6
6	2	7	4	1	5	8	9	3
4	3	9	2	6	8	5	7	1

Puzzle 135

7	5	9	4	1	2	8	3	6
2	6	3	9	7	8	1	5	4
1	8	4	3	5	6	9	2	7
4	3	8	6	9	1	5	7	2
9	1	2	7	4	5	6	8	3
5	7	6	8	2	3	4	1	9
8	9	1	2	3	4	7	6	5
3	4	5	1	6	7	2	9	8
6	2	7	5	8	9	3	4	1

Puzzle 136

8	4	5	9	3	7	1	2	6
7	3	2	6	5	1	8	9	4
1	9	6	2	8	4	7	5	3
4	1	3	7	6	5	2	8	9
9	2	8	4	1	3	5	6	7
6	5	7	8	9	2	4	3	1
2	8	9	1	7	6	3	4	5
3	6	1	5	4	8	9	7	2
5	7	4	3	2	9	6	1	8

Puzzle 137

1	6	7	3	2	4	8	5	9
3	2	9	8	1	5	4	6	7
5	4	8	7	6	9	3	2	1
7	5	4	6	3	8	1	9	2
8	9	1	4	5	2	6	7	3
6	3	2	9	7	1	5	8	4
9	1	6	2	8	3	7	4	5
4	7	5	1	9	6	2	3	8
2	8	3	5	4	7	9	1	6

Puzzle 138

8	6	4	5	7	1	3	9	2
9	5	7	3	2	8	6	1	4
3	1	2	4	9	6	7	5	8
4	3	1	2	8	5	9	7	6
7	2	5	6	3	9	4	8	1
6	8	9	7	1	4	5	2	3
2	4	8	9	6	7	1	3	5
5	9	3	1	4	2	8	6	7
1	7	6	8	5	3	2	4	9

SOLUTIONS

Puzzle 139

2	6	8	9	1	4	7	5	3
3	9	5	6	2	7	1	4	8
7	1	4	5	8	3	9	2	6
4	7	2	3	9	1	6	8	5
8	5	1	4	7	6	2	3	9
6	3	9	8	5	2	4	7	1
5	2	6	1	4	8	3	9	7
1	8	7	2	3	9	5	6	4
9	4	3	7	6	5	8	1	2

Puzzle 140

5	7	2	3	1	4	6	8	9
9	3	4	7	8	6	2	1	5
6	8	1	2	9	5	3	7	4
2	9	6	1	4	3	7	5	8
1	4	8	5	7	2	9	6	3
3	5	7	8	6	9	1	4	2
4	6	5	9	2	7	8	3	1
8	2	3	6	5	1	4	9	7
7	1	9	4	3	8	5	2	6

Puzzle 141

5	2	7	8	3	6	9	4	1
4	1	8	9	5	2	6	7	3
6	3	9	7	4	1	2	8	5
8	9	4	3	7	5	1	2	6
7	6	3	1	2	8	4	5	9
1	5	2	6	9	4	8	3	7
2	7	5	4	1	9	3	6	8
9	4	6	5	8	3	7	1	2
3	8	1	2	6	7	5	9	4

Puzzle 142

2	6	5	9	3	8	4	7	1
4	1	3	6	7	5	2	8	9
7	9	8	2	4	1	5	3	6
8	5	9	1	6	3	7	2	4
6	3	7	4	5	2	9	1	8
1	4	2	8	9	7	6	5	3
3	2	6	7	1	9	8	4	5
9	7	1	5	8	4	3	6	2
5	8	4	3	2	6	1	9	7

Puzzle 143

1	2	7	5	9	4	3	6	8
9	4	3	1	6	8	2	7	5
5	8	6	3	7	2	4	9	1
4	9	2	7	8	5	6	1	3
7	5	1	2	3	6	8	4	9
6	3	8	4	1	9	7	5	2
2	6	5	9	4	3	1	8	7
8	1	9	6	2	7	5	3	4
3	7	4	8	5	1	9	2	6

Puzzle 144

5	3	4	8	6	2	1	9	7
1	6	9	4	5	7	3	8	2
8	7	2	3	1	9	6	5	4
6	1	3	7	2	5	9	4	8
4	5	8	1	9	3	7	2	6
2	9	7	6	8	4	5	1	3
9	4	6	2	7	1	8	3	5
3	8	1	5	4	6	2	7	9
7	2	5	9	3	8	4	6	1

SOLUTIONS

Puzzle 145

9	4	8	6	3	7	5	2	1
2	7	3	1	9	5	4	6	8
6	1	5	4	8	2	3	7	9
8	3	9	5	6	1	2	4	7
7	2	1	8	4	3	6	9	5
4	5	6	7	2	9	1	8	3
5	8	2	3	7	6	9	1	4
3	6	4	9	1	8	7	5	2
1	9	7	2	5	4	8	3	6

Puzzle 146

2	8	1	9	4	5	7	6	3
5	4	7	1	6	3	2	8	9
3	6	9	2	8	7	5	1	4
8	1	2	4	7	9	3	5	6
4	7	3	6	5	2	1	9	8
6	9	5	8	3	1	4	7	2
9	2	6	7	1	4	8	3	5
7	3	4	5	9	8	6	2	1
1	5	8	3	2	6	9	4	7

Puzzle 147

9	1	2	7	8	5	6	3	4
5	3	7	6	9	4	8	2	1
6	4	8	1	3	2	5	9	7
7	8	5	2	4	3	1	6	9
2	9	4	5	1	6	3	7	8
1	6	3	8	7	9	4	5	2
4	7	6	9	5	1	2	8	3
3	5	9	4	2	8	7	1	6
8	2	1	3	6	7	9	4	5

Puzzle 148

6	7	9	1	3	5	2	8	4
5	2	4	9	8	6	1	7	3
1	8	3	2	4	7	5	6	9
3	6	2	5	1	8	9	4	7
4	5	7	3	9	2	6	1	8
9	1	8	6	7	4	3	5	2
8	3	1	4	6	9	7	2	5
2	4	6	7	5	3	8	9	1
7	9	5	8	2	1	4	3	6

Puzzle 149

8	2	4	3	5	7	1	9	6
6	9	7	2	1	8	3	5	4
3	5	1	6	9	4	8	7	2
5	7	3	9	4	1	2	6	8
9	6	8	7	3	2	5	4	1
4	1	2	5	8	6	7	3	9
1	4	5	8	6	3	9	2	7
7	8	9	4	2	5	6	1	3
2	3	6	1	7	9	4	8	5

Puzzle 150

3	5	4	1	7	8	2	6	9
1	9	7	4	2	6	5	3	8
6	8	2	9	5	3	4	1	7
9	2	1	8	6	7	3	4	5
4	7	5	3	9	1	6	8	2
8	6	3	2	4	5	9	7	1
2	1	8	6	3	9	7	5	4
7	3	9	5	1	4	8	2	6
5	4	6	7	8	2	1	9	3

SOLUTIONS

Puzzle 151

3	9	7	4	5	2	6	1	8
4	2	1	8	6	7	3	5	9
5	6	8	1	3	9	2	7	4
9	3	6	7	8	1	5	4	2
8	7	5	6	2	4	1	9	3
1	4	2	3	9	5	7	8	6
7	1	3	9	4	6	8	2	5
2	8	9	5	1	3	4	6	7
6	5	4	2	7	8	9	3	1

Puzzle 152

1	2	6	4	3	8	5	9	7
8	3	7	1	9	5	4	2	6
4	5	9	7	2	6	3	8	1
5	8	3	2	6	4	1	7	9
6	7	4	8	1	9	2	3	5
9	1	2	3	5	7	8	6	4
7	9	1	5	8	2	6	4	3
3	6	8	9	4	1	7	5	2
2	4	5	6	7	3	9	1	8

Puzzle 153

1	3	4	5	9	7	2	6	8
6	8	5	1	2	3	7	9	4
7	9	2	4	8	6	3	5	1
3	4	8	9	5	2	6	1	7
2	7	6	3	1	4	9	8	5
9	5	1	6	7	8	4	3	2
4	1	9	2	6	5	8	7	3
8	6	3	7	4	1	5	2	9
5	2	7	8	3	9	1	4	6

Puzzle 154

4	8	7	1	9	3	5	6	2
3	6	5	8	7	2	4	1	9
1	9	2	5	4	6	8	7	3
9	2	6	4	3	7	1	5	8
5	3	4	9	8	1	7	2	6
7	1	8	6	2	5	9	3	4
6	5	9	3	1	4	2	8	7
2	4	1	7	6	8	3	9	5
8	7	3	2	5	9	6	4	1

Puzzle 155

9	4	2	5	6	8	1	3	7
6	1	7	4	3	2	9	8	5
3	8	5	7	1	9	4	2	6
4	7	3	2	9	5	8	6	1
1	5	8	6	7	4	3	9	2
2	9	6	3	8	1	5	7	4
7	6	1	8	5	3	2	4	9
5	3	4	9	2	7	6	1	8
8	2	9	1	4	6	7	5	3

Puzzle 156

4	8	7	3	9	2	5	1	6
6	9	5	4	8	1	7	3	2
3	2	1	7	5	6	8	9	4
2	7	9	1	6	4	3	5	8
5	1	3	2	7	8	4	6	9
8	6	4	9	3	5	2	7	1
9	4	6	5	2	3	1	8	7
1	5	8	6	4	7	9	2	3
7	3	2	8	1	9	6	4	5

SOLUTIONS

Puzzle 157

5	3	9	8	4	1	7	6	2
6	7	4	9	3	2	8	5	1
1	8	2	5	7	6	4	9	3
7	2	8	3	9	5	6	1	4
4	1	5	6	2	8	9	3	7
9	6	3	4	1	7	5	2	8
2	4	7	1	5	9	3	8	6
3	5	6	2	8	4	1	7	9
8	9	1	7	6	3	2	4	5

Puzzle 158

1	6	4	9	5	7	8	2	3
5	8	2	6	3	1	7	4	9
3	9	7	8	2	4	6	1	5
9	7	1	3	6	5	4	8	2
2	4	8	1	7	9	5	3	6
6	3	5	2	4	8	9	7	1
8	1	6	7	9	2	3	5	4
4	2	9	5	8	3	1	6	7
7	5	3	4	1	6	2	9	8

Puzzle 159

6	1	3	2	5	9	8	7	4
8	2	5	6	4	7	1	3	9
4	9	7	1	3	8	2	6	5
7	4	6	3	1	5	9	2	8
5	8	2	7	9	4	3	1	6
9	3	1	8	2	6	4	5	7
3	6	4	5	8	1	7	9	2
1	7	9	4	6	2	5	8	3
2	5	8	9	7	3	6	4	1

Puzzle 160

2	7	6	9	3	5	8	1	4
9	1	8	6	2	4	3	7	5
3	5	4	8	1	7	2	9	6
8	6	5	3	9	2	1	4	7
1	9	2	7	4	6	5	8	3
7	4	3	1	5	8	9	6	2
4	3	7	2	8	9	6	5	1
6	2	9	5	7	1	4	3	8
5	8	1	4	6	3	7	2	9

Puzzle 161

5	7	2	3	1	8	6	9	4
8	3	1	4	6	9	7	2	5
4	9	6	2	5	7	8	1	3
6	5	9	1	4	2	3	7	8
1	4	3	7	8	6	9	5	2
7	2	8	9	3	5	1	4	6
9	1	5	8	2	3	4	6	7
3	6	4	5	7	1	2	8	9
2	8	7	6	9	4	5	3	1